FILM STUDY PROGRAM

Ciao, Professore!

EDIZIONI FARINELLI | **FILM STUDY PROGRAM**

Ciao, Professore!

ELDA BUONANNO

www.edizionifarinelli.com

Published by
Edizioni Farinelli
20 Sutton Place South
New York, NY 10022
Tel: + 1-212-751-2427
Email: edizioni@mindspring.com

ISBN-10: 0-9786016-0-2
ISBN-13: 978-0-9786016-0-7

Printed in the United States of America

Edited by Concetta Perna

Cover Design by Shannon Reeves

Photo Credits: Page 9 courtesy of Miramax Film Corp. Others courtesy of Regione Campania.

ELDA BUONANNO

Elda Buonanno is adjunct instructor of Italian at Columbia University. A native of Caserta, Italy (near Naples), she taught at the University of Naples and other institutions in Italy before moving to the United States in 2001 to pursue a Ph.D in Comparative Literature with a specialization in Italian at the Graduate Center, City University of New York (CUNY).

In 1993 she received her BA in Modern Languages and Literatures from the University of Milan. She also holds a Certificate in Translation and Interpreting from the Istituto Superiore per Interpreti e Traduttori in Naples, Italy, and has translated for publications, for the High Court of Justice and for other Italian Government institutions.

In addition to her native Italian, Ms. Buonanno is fluent in English, French, written Spanish and classical Latin. She has lectured, made conference presentations and published papers on Italian literature and film.

ACKNOWLEDGEMENTS

I thank Jean Farinelli for the guidance, support and friendship she has extended to me throughout the process of developing this publication.

Special thanks also to Concetta Perna for her incredible editorial eye and helpful advice.

I am especially grateful to my family and to Kieran, my partner of a lifetime, who are always there for me.

NOTE TO TEACHERS AND STUDENTS

In my experience as an Italian instructor, I have observed that the teaching of the language through the visual experience of a movie, coupled with related instructional activities, makes the learning process more interesting and challenging while actively engaging the students. This approach also opens a door for students to understand the culture behind the language while improving grammar, vocabulary, listening, comprehension and writing of Italian.

It is also my intent to provide material that can help students prepare for standardized testing in the Italian language, such as the Advanced Placement Italian language exam.

This study program breaks the film into seven sequences, each approximately 20 minutes in length.

The dialogues have been readapted to fit the requirements of an audience not accustomed to the Neapolitan dialect occasionally used in the movie.

FILM STUDY PROGRAM

Ciao, Professore!

Ciao, Professore!

CAST ARTISTICO

Regia di
Lina Wertmüller
Scritto da
Alessandro Bencivenni
Leonardo Benvenuti

Prodotto da Mario e Vittorio Cecchi Gori
per la Pentafilm nel 1992. Miramax
è il distributore negli Stati Uniti.

PERSONAGGI E INTERPRETI

Paolo Villaggio – Il Maestro Marco Sperelli
Isa Danieli – La Direttrice
Gigio Morra – Il Bidello
Ester Carloni – Esterina (as Esterina Carloni)
Paolo Bonacelli – Ludovico Mazzullo
Gli alunni in ordine alfabetico
Mario Bianco – Nicola
Pierfrancesco Borruto – Peppiniello
Annarita D'Auria – Lucietta
Antonio Scotto Di Frega – Mimmuccio
Ciro Esposito – Raffaele
Dario Esposito – Gennarino
Maria Esposito – Rosinella
Roberta Galli – La sorella di Totò
Luigi Lastorina – Totò
Filomena Lieto – Cecchina
Adriano Pantaleo – Vincenzino
Carmela Pecoraro – Tommasina
Ivano Salararo – Giovanni
Salvatore Terraciano – Salvatore
Ilaria Troncone - Flora
Marco Troncone – Giustino

BIOGRAFIA DI PAOLO VILLAGGIO

Il protagonista principale del film è interpretato da Paolo Villaggio, nato a Genova il 31 dicembre 1932.

L'attore, anche regista teatrale, comico e scrittore, incomincia la sua carriera come impiegato d'azienda presso la ditta Italsider. Solo nel 1967 viene notato per la sua *vena*[1] brillante all'interno di spettacoli di cabaret nella *natìa*[2] Genova e viene convinto da Maurizio Costanzo, famoso giornalista italiano, a trasferirsi a Roma. Qui debutta alla radio e poi in televisione con vari programmi di varietà come *Quelli della domenica* nel 1968.

Nel 1971 la casa editrice Rizzoli decide di pubblicare i suoi racconti sul ragioniere Ugo Fantozzi, personaggio a cui resterà legato per sempre. Questa figura di uomo debole e sfortunato sempre alle prese con mille problemi ed avversità da parte dell'azienda per cui lavora e della famiglia, composta dalla moglie e da una figlia, diventerà il personaggio principale di una fortunata serie di film che renderanno il ragionier Fantozzi e l'attore Villaggio noti in tutta l'Italia.

Il primo *Fantozzi* esce nel 1974 e sarà seguito dagli oltre dieci episodi della saga, tra cui bisogna ricordare *Il secondo tragico Fantozzi* (1976); *Fantozzi contro tutti* (1980), con lo stesso Villaggio come regista, e *Fantozzi in paradiso* (1993), particolarmente ricco di gag travolgenti e divertenti.

Villaggio si è fatto conoscere anche per altri suoi ruoli drammatici come lo *stralunato*[3] ex-prefetto Gonella nel film *La voce della luna* (1990) di Federico Fellini – che gli ha fruttato anche un David di Donatello quale miglior attore.

Oltre a Federico Fellini, Villaggio ha lavorato con altri famosi ed importanti registi italiani quali Lina Wertmuller, regista del film *Ciao,Professore!*, Ermanno Olmi e Gabriele Salvatores. Nel 1992 gli è stato assegnato un Leone d'oro alla carriera alla Mostra di Venezia.

---

[1] *vena* - estro, carattere
[2] *natìa* - del luogo dove si è nati
[3] *stralunato* - sconvolto

A ATTIVITÀ DI COMPRENSIONE – Rispondi alle seguenti domande:

1. Dove ha debuttato l'attore prima di approdare al cinema?

2. Quanti sono gli episodi della serie *Fantozzi?*

3. Qual è il suo ruolo nella serie *Fantozzi?*

4. Ha mai ricevuto dei premi per la sua recitazione?

LA TRAMA

Il maestro Marco Tullio Sperelli, per un errore del *Provveditorato agli Studi*,[4] viene trasferito a Corzano, in provincia di Napoli, dove insegnerà in una terza elementare.

Lui, ligure, bravo ed onest'uomo, si trova subito in una situazione alquanto disastrosa. Nella classe in cui ci dovrebbero essere circa venti *allievi*,[5] il maestro ne trova invece solo tre: decide allora di andare a prendere gli alunni che trova qua e là, quasi sempre in strada dove lavorano. Nella classe ci sono bambini dai mille caratteri e dalle mille storie, come Gennarino che dorme in classe di giorno perché va a lavorare di notte con il padre; Rosinella, che *fa la tenera*[6] con il maestro; Vincenzino, forse il più simpatico, intelligente e svelto, e Raffaele, il più grande, che però è già implicato nella *camorra locale.*[7] Quando Raffaele arriva in classe e vuole portarsi via l'alunno Totò, il maestro gli dà un *ceffone*[8] per una sua risposta molto sgarbata. Davanti a questo *affronto*,[9] il ragazzo giura di vendicarsi e lascia la classe infuriato. Quel gesto violento ed inusuale per il maestro gli garantisce però il massimo rispetto da parte dei ragazzi della classe.

Dopo questo primo momento difficile che *lo induce*[10] anche a pensare di andarsene, il maestro si convince a restare anche grazie alla madre di Raffaele. Lei infatti gli chiede aiuto nel seguire il ragazzo perché il marito non può occuparsi della sfortunata famiglia in quanto invalido. Quando una sera la donna si sente male, lo stesso Raffaele chiederà aiuto al maestro per portare la donna all'ospedale. Qui, con un altro gesto insolito per il maestro, vista l'inefficienza e l'indifferenza del *personale*[11] dell'ospedale, il maestro riesce ad imporsi e ad ottenere un immediato ricovero della donna.

Una sera aprendo la posta, il maestro legge una "brutta notizia:" la domanda del suo trasferimento è stata accolta e il maestro deve lasciare la sua classe proprio mentre ormai i ragazzi gli si sono affezionati. Il giorno della sua partenza, tutti gli allievi, la direttrice e i padroni di casa (un po' strani, ma con lui sempre delicati e premurosi), vanno alla stazione a salutare il maestro che se ne va per sempre. Sul treno il maestro legge con una certa commozione il *tema*[12] che Raffaele gli ha dato all'ultimo minuto. Il tema sulla fine del mondo è bellissimo e sebbene contenga un accenno drammatico, si conclude con una nota di ottimismo e fiducia da parte del piccolo napoletano che dice: "*io speriamo che me la cavo.*"[13]

---

[4] *Provveditorato agli Studi* - Ufficio che si occupa del settore dell'Istruzione
[5] *allievi* - studenti della scuola elementare e media
[6] *fa la tenera* - è affettuosa
[7] *camorra locale* - la criminalità organizzata del posto
[8] *ceffone* - schiaffo
[9] *affronto* - offesa
[10] *lo induce* - lo spinge a, lo porta a
[11] *personale* - persone che lavorano in un'amministrazione, in un ufficio, ecc.
[12] *tema* - saggio, composizione scritta
[13] *io speriamo che me la cavo* – Speriamo che mi salvo!

PRIMA SEQUENZA

Il maestro, Marco Tullio Sperelli, arriva a Corzano, vicino a Napoli, per insegnare nella scuola elementare. Incontra alcuni dei suoi alunni della classe Terza B come Vincenzino che fa il garzone nel bar e poi va nella sua camera ammobiliata. Ai padroni di casa dice di essere divorziato da anni perché la moglie lo ha lasciato per andare a vivere con un dentista.

Il maestro va a scuola e si presenta alla sua classe ma scopre che molti dei suoi alunni sono fuori a lavorare. Allora esce e li va a prendere. Sulle scale della scuola incontra Don Mimì, il bidello, che dà la brioche a Nicola, l'alunno più grasso.

A ATTIVITÀ DI COMPRENSIONE

A1) Ti ricordi chi ha detto le seguenti espressioni?

1. *Quest'è l'ora della seconda merenda!*   **a.** il maestro

2. *Fai vedere le unghie!*   **b.** la direttrice

3. *La scuola fa schifo, non ci voglio andare!*   **c.** Nicola

4. *A scuola! A studiare!*   **d.** Vincenzino

5. *Voi siete in transito. Volete risolvere tutti i guai in poco tempo.*   **e.** il maestro

A2) Descrivi i personaggi e la città che hai appena incontrato con alcuni degli aggettivi suggeriti.

povero/a - sfacciato/a – assente - impacciato/a - ingenuo/a - furbo/a - cattivo/a - buono/a rovinato/a - maleducato/a - gentile - disordinato/a - sporco/a - disonesto/a - impaurito/a infantile - felice - taciturno/a - occupato/a - grasso/a - esile - disorientato/a - vivace impaziente - modesto/a - studioso/a

1. Il maestro è...

2. Vincenzino è..

3. Il bidello è..

4. Corzano è...

5. La gente del paese è...

6. Gli alunni della Terza B sono...

B AREA TEMATICA: LA SCUOLA

B3) Inserisci i vari termini nelle categorie di appartenenza.

la scuola dell'infanzia, l'allievo, l'analisi del testo, il voto, il *commissario interno,*[14] la prova scritta, l'insegnante, il liceo, l'istituto professionale, la preside, il colloquio orale, la scuola secondaria, il tema di argomento storico, il punteggio, la bidella, il riassunto, la scuola primaria, il supplente, l'istruzione e la formazione superiore (università), l'alunno, l'esame in lingua straniera, il membro esterno, il credito, il problema di matematica, la redazione di un articolo, il presidente, il punto, il saggio di attualità, il docente

1. Il ciclo scolastico...

....

---

[14] *commissario interno* - membro della Commissione d'Esami, di solito un professore della stessa scuola

2. Tipo di esame...
....

3. Parti di un esame..
....

4. La Commissione d'Esame...
....

5. Il sistema di voto..
....

6. Le persone della scuola..
....

B4) Il maestro Sperelli indica quali sono le regole per un bravo studente. Metti le varie regole in ordine di importanza secondo il tuo parere ed aggiungi quella/e che ritieni importanti.

Il bravo studente...

1. ha il banco sempre in ordine.

2. non fa molte assenze.

3. svolge sempre i suoi compiti.

4. ascolta l'insegnante.

5. porta sempre i libri.

6. non fa chiasso in classe.

7. non arriva in ritardo.

8. non mangia troppo altrimenti "si diventa grassi come me."

9. va a scuola "con le unghie pulite."

10. ....

——/——/——/——/——/——/——/——/——/——

C GRAMMATICA: PRESENTE DEI VERBI REGOLARI ED IRREGOLARI

C5) Coniuga i verbi tra parentesi nella forma appropriata.

1. Gli alunni non (volere).................................andare in classe.

2. Il maestro (trasferirsi)...............................nella nuova città.

3. Vincenzino (finire)...............................di lavorare alle 3.00.

4. Nicola non (smettere).......................mai di mangiare!

5. Tommasina e Rosinella (scegliere)........................di restare in classe e
(svolgere)....................................il tema.

6. Il bidello, Don Mimì, (vendere).......................il gesso a L.500 al pezzo.

7. La direttrice (rimproverare)..........................il maestro.

8. Gennarino non (riuscire)....................a stare sveglio in classe.

9. L'aula (apparire)........................piccola e buia.

10. La madre di Nicola (cuocere)...........................sempre il pane nel forno.

C6) Completa il tema di uno degli alunni con i verbi suggeriti nella lista. Alcuni dei verbi possono essere usati più di una volta.

TEMA: DESCRIVI LA TUA CASA.

dire / essere / amare / dormire / dovere /dare / vivere / sentirsi / pensare / ridere

La mia casa........................[1] sgarrupata. / muri .... [2] sgarrupati, il soffitto .... [3] sgarrupato e qualche volta anche io .... [4] sgarrupato.

Mia madre........................ [5] che il terzo mondo .... [6] ancora più terzo di noi e noi non ci .... [7] lagnare. [15] Ora che io ci .... [8], noi non .... [9] male a casa mia. In un letto tutta la famiglia .... [10], e noi ci........................ [11] i calci e così .... [12] tanto!

Io...................[13] molto la mia casa!

Da "Io speriamo che me la cavo," 43.

C7) Vincenzino e Raffaele decidono di andare a mangiare un gelato con i loro compagni. Metti in ordine le loro azioni ed aggiungine delle altre.

1. Il maestro arriva e paga il conto!

2. Rosinella decide di ordinare un pasticcino al cioccolato.

3. Gennarino porta sua sorella.

4. Vincenzino telefona a Raffaele.

5. Vincenzino e Raffaele decidono di chiamare i loro compagni.

6. I due amici si incontrano al Bar "da Gigino."

7. Nicola e Tommasina arrivano per primi.

8. Gli altri preferiscono comprare una torta gelato.

9. ....

10. ....

_____/_____/_____/_____/_____/_____/_____/_____/_____/_____

---

[15] *lagnare* - lamentarsi

D LETTURA E COMPRENSIONE

D8) La Scuola in Italia

La scuola in Italia è gratuita ed obbligatoria fino al conseguimento di una qualifica triennale, generalmente entro i 18 anni.

Il sistema d'istruzione si articola nel seguente modo:

- **La scuola dell'infanzia** dura tre anni e non è obbligatoria. Vi possono andare tutti i bambini che hanno compiuto almeno tre anni di età. In Italia la scuola dell'infanzia è definita anche "asilo."

- **Nella scuola primaria** che dura cinque anni e che è spesso conosciuta come scuola elementare (i bambini nel film frequentano il terzo anno), si studiano varie discipline (la grammatica, la storia, la geografia, l'arte, la scienza, ecc.) ed in genere una lingua straniera.

- Dopo la scuola primaria, c'è **la scuola secondaria di primo grado** che dura tre anni e che è conosciuta anche come scuola media. Al termine dei tre anni gli studenti devono fare un Esame di Stato che permette l'accesso al liceo o agli istituti di formazione professionale.

- **La scuola secondaria di secondo grado** (che dura cinque anni) è costituita dai licei o dagli istituti di formazione professionale. In Italia ci sono il liceo classico, scientifico, linguistico, pedagogico, musicale, artistico ed economico. Gli istituti professionali, tecnici o commerciali, invece, consentono lo studio e la formazione professionale specifica (un esempio è l'Istituto Alberghiero in cui sono insegnate tutte le discipline inerenti al campo alberghiero). Alla fine dei cinque anni del ciclo secondario, gli studenti devono sostenere un Esame di Stato, in genere diviso in tre prove scritte ed una orale. Gli studenti ottengono così un Diploma che consente loro di proseguire gli studi all'università. Con la fine del liceo, finisce anche l'istruzione obbligatoria.

- Se lo studente decide di proseguire con gli studi, dopo il "Diploma" si può iscrivere ad un **corso di laurea** che può essere "breve," di tre anni, oppure, con l'aggiunta di un biennio, può conseguire una "laurea specialistica." Con quest'ultimo titolo, lo studente può iscriversi ad un corso di Master, ad un Dottorato di ricerca o ad una Scuola di Specializzazione.

Rispondi alle seguenti domande:

1. A quanti anni finisce l'obbligo all'istruzione scolastica?

2. Come si chiama la scuola primaria? E la scuola secondaria di primo grado?

3. Quali sono gli obiettivi degli istituti professionali?

4. Quanti anni d'università sono necessari per accedere ad una scuola di specializzazione?

SECONDA SEQUENZA

Il professore incontra l'alunno Nicola e si mette a parlare del problema del peso. Poi il maestro va a casa di Totò e trova il padre a letto ubriaco. La sorella di Totò gli dice di essere la responsabile della casa. Mentre la bambina asciuga i piatti il maestro dà il latte alla piccola Nannarella. Poi va al bar dove lavora Vincenzino e trova tutti i suoi alunni che mangiano il gelato.

Salvatore, il papà di Totò, trascina il figlio a scuola. Il maestro arriva in classe e nota che i bambini sono furiosi con lui perché invece di lavorare e quindi di guadagnare qualche soldo, sono in classe a studiare. Mentre i bambini ed il maestro discutono entra in classe un altro studente, Raffaele, che vuole portarsi via Totò.

Quando Raffaele risponde male al maestro, questi gli dà uno schiaffo. Mortificato e profondamente dispiaciuto per questo gesto, il maestro va dalla direttrice della scuola a dire che si pente profondamente di avere picchiato un bambino di otto anni. La direttrice lo rassicura e gli dice che non deve preoccuparsi. I due però litigano e la direttrice lo accusa di essere un razzista e un presuntuoso perché pensa di poter cambiare in poco tempo tutte le cose che non vanno.

A ATTIVITÀ DI COMPRENSIONE

A1a) Rimetti in ordine i seguenti dialoghi.

Il maestro e la sorella di Totò

1. No è ubriaco! Ma voi chi siete?
2. Tu sei la sorellina di Totò?
3. No! Lei è a servizio.
4. Là!?
5. Buon giorno!
6. Eh, Sì!
7. E tuo padre?
8. Sì certo! Dunque sta a sentire. Totò mi è scappato e ha lasciato il giubbotto e non è più venuto a scuola. A questo punto lo capisci che è un ragazzo un po' troppo vivace!
9. Dove?
10. Ma è malato?
11. Sono il maestro e questo è il giubbotto di Totò!
12. Ecco appunto! Io devo parlare assolutamente con qualcuno di questo ragazzo!
13. Lui è là!
14. E dite a me. Io sono la responsabile di casa! Vi dispiace prendere il biberon altrimenti il latte si raffredda?
15. Buon giorno!
16. Sì! il giubbotto di Totò. Chissà a chi ce l'ha *fottuto!*[16]
17. C'è tua madre?
18. Vivace??? Quello è un delinquente!

_____/_____/_____/_____/_____/_____/_____/_____/_____/_____/_____/_____/_____/_____/_____/_____/_____/_____

---

[16] *fottuto* - parola in dialetto napoletano che significa "rubato"

A1b) Rimetti in ordine i seguenti dialoghi.

Il maestro e Nicola

1. Cosa intendi per dieta?
2. Normale?!? Cioè?
3. Ciao! Cosa fai qua?
4. E va bene ci vuole pazienza!
5. Io ero magro!
6. Anche io sono un disastro. 51 e mezzo!
7. Ma no! Mica abbiamo tutte queste cose in un giorno! In un anno!!
8. Ma insomma che domande!! Va bene! Te lo dico, 95 chili, e tu?
9. Magro?!!? ....Professore , ma voi fate qualche dieta?
10. No, nessuna dieta! Ma sei proprio un esperto dietologo!! E tu che dieta fai?
11. Ma voi all'età mia come eravate?
12. Noi mangiamo pasta e fagioli, brodo di polipo, zuppa di carne, vermicelli aglio e olio, soffritto, uova, piselli, salsiccia, pizza, carciofi, mortadella, polpette, peperoni, maiale, pizzelle. Come dolci mangiamo il babà, la sfogliatella, la pastiera, la millefoglie, le zeppole di San Giuseppe, i cannoli alla siciliana, le deliziose, gli struffoli e i roccocò. Da bere, invece, noi di solito beviamo acqua, vino, gazzosa, chinotto, coca-cola, birra e aranciata!!
13. Fate la dieta del pilota, dell'elefante, Weight Watcher?
14. Buon giorno professore! Ma voi quanto pesate?
15. Mamma mia! E voi mangiate sempre tutto questo in un giorno?!!?
16. Nessuna dieta perché a casa mia si mangia normale.

_____/_____/_____/_____/_____/_____/_____/_____/_____/_____/_____/_____/_____/_____/_____/_____

A2) Alcune di queste espressioni sono state dette nel film. Collegale con i loro significati.

1. *Mio padre è stanco morto dopo il lavoro.*

a. Io ho molta paura!

2. *Il maestro ha dato un sacco di compiti.*

b. L'automobile presenta dei danni vistosi.

3. *Io ho una fifa tremenda.*

c. Il ragazzo è molto irascibile e litiga sempre con tutti.

4. *Lui è proprio sfigato.*

d. Quello che hai detto è una sciocchezza!

5. *La macchina è tutta ammaccata.*

e. Questa zuppa ha un cattivo sapore!

6. *Il ragazzo butta tante mazzate.*

f. Lui è stanchissimo dopo aver lavorato tutto il giorno.

7. *Questa minestra è una schifezza!*

g. Lui è molto sfortunato.

8. *Questa è una fesseria.*

h. Il maestro ha dato molti compiti.

B AREA TEMATICA: LE PROFESSIONI

B3) Collega le professioni con le definizioni.

1. il Pescivendolo		**a.** Venditore di fiori e piante
2. il Macellaio		**b.** Persona specializzata nell'assistenza ai malati
3. il Fioraio		**c.** Specializzato nella manutenzione di macchine
4. il Tabaccaio		**d.** Persona addetta ai trattamenti di bellezza
5. l'Infermiere		**e.** Venditore di pesce fresco e molluschi
6. l'Idraulico		**f.** Persona che lavora in un istituto pubblico o privato
7. il Macchinista		**g.** Operaio specializzato nell'installazione e/o riparazione di impianti elettrici
8. l'Elettricista		**h.** Venditore di gelati
9. l'Estetista		**i.** Venditore di carne
10. l'Impiegato		**l.** Persona che cura gli animali
11. il Veterinario		**m.** Esperto nella manutenzione e nell'installazione di tubi dell'acqua e degli impianti igienici e sanitari
12. il Gelataio		**n.** Gestore di un negozio dove si possono comprare le sigarette e altri prodotti

B4) Indovina dove si reca il maestro a comprare i vari prodotti o da chi si rivolge per le sue commissioni.

avvocato / postino / fruttivendolo / giornalista / pollivendolo / vetraio / regista / dottore

1. Io ho bisogno di un chilo di mele e di pere. Mi servono anche le patate e le carote. Vado dal...

2. Io devo fare causa alla compagnia di assicurazioni. Mi serve un bravo..................................

3. Ho una brutta tosse da qualche giorno. Devo andare dal................................ per una visita.

4. Voglio preparare una buona cena a base di pollo. Lo vado a prendere dal.............................

5. Devo raccontare la mia storia ad un..................................perché ne vuole fare un articolo per la sua rivista.

6. Il mio sogno nel cassetto è quello di fare il....................... Potrei dirigere dei film di guerra oppure dei film d'azione!

7. Ho rotto lo specchio in bagno. Devo andare dal ....a comprarne uno nuovo.

8. Devo dire al...........................di lasciarmi la posta sotto la porta!

B5) Ricerca le definizioni dei seguenti mestieri con l'aiuto del dizionario.

1. il fotoreporter ....

2. lo sceneggiatore ....

3. il pianista ....

4. lo psicoterapeuta ....

5. il camionista ....

6. il venditore ambulante ....

7. lo spazzino ....

8. il bancario ....

9. il banchiere ....

10. il commesso ....

C GRAMMATICA: ESPRESSIONI IDIOMATICHE CON IL VERBO FARE

C6a) Collega le espressioni con il verbo fare nella colonna A con i significati nella colonna B.

A	B
1. *Fare un pisolino*	**a.** Terminare, uccidere
2. *Fare castelli in aria*	**b.** Apparire, comparire
3. *Fare fuori*	**c.** Non avere bisogno
4. *Fare il tifo per qualcuno*	**d.** Dimostrare
5. *Farsi vivo*	**e.** Fingere
6. *Fare a meno*	**f.** Riposare
7. *Farcela*	**g.** Dare una bella impressione
8. *Far vedere*	**h.** Presentare una richiesta
9. *Fare finta*	**i.** Sognare
10. *Fare una bella figura*	**l.** Dire a qualcuno
11. *Fare domanda*	**m.** Parteggiare/sostenere
12. *Far sapere*	**n.** Riuscire

C6b) Inserisci alcune delle espressioni della tabella precedente nelle frasi di sotto.

1. Non ho comprato il prezzemolo. Penso di poterne.................................

2. Io.........................per il nuovo lavoro di preside.

3. La mia squadra di calcio del cuore è il Napoli ma mio fratello............................per la Juve!

4. Mia madre è molto stanca. Adesso lei....................................sulla poltrona.

5. Vincenzino ....solo quando ha bisogno di soldi!

6. Nicola...........................una torta intera! È un gran goloso!

7. Gli alunni...........................di studiare! Ma il maestro si accorge sempre di tutto!

8. Raffaele........................... Lui vuole diventare un astronauta!

C GRAMMATICA: COSTRUZIONI CON FARE + INFINITO

C7) Trasforma le frasi come nell'esempio.

Esempio: Io accendo la radio (da mia sorella).

Io faccio accendere la radio da mia sorella.

> **GRAMMAR TIP**
>
> Remember that fare + infinito means to make someone do something or to have something done

1. Io pago la multa per eccesso di velocità. (da mio padre)

....

2. Il bidello suona la campanella. (dal maestro)

....

3. La signora si trucca. (dall'estetista)

....

4. Tommasina e Andrea si svegliano alle 6.00. (dalla madre)

....

5. I miei amici preparano il pranzo. (dalla cuoca)

....

6. Tu porti la spesa a casa. (dal commesso del negozio)

....

7. Raffaele ripara il motorino. (dal meccanico)

....

8. Voi fate la torta. (dal pasticciere)

....

C8) Immagina che cosa si fa fare il maestro Sperelli dalle seguenti persone.

Esempio: portare – dal bidello

Il maestro si fa portare il caffè dal bidello.

1. cucinare – dalla moglie ....

2. cucire – dal sarto ....

3. tagliare – dal barbiere ....

4. comprare – dalla sorella ....

5. stirare – dalla madre ....

6. pulire – dalla domestica ....

D LETTURA E COMPRENSIONE

D9) La Campania

Il film *Ciao, Professore!* è ambientato in una piccola città vicino a Napoli. La città di Napoli è il capoluogo della regione Campania famosa in tutto il mondo per la ricchezza del suo patrimonio artistico, archeologico e per le tante e straordinarie bellezze naturali e paesaggistiche.

La storia della regione, le sue spiagge dorate, il clima mite durante tutto l'anno, le ridenti e rigogliose aree interne, le splendide costiere (sorrentina ed amalfitana), le isole (Capri, Ischia e Procida), i suoi monumenti storici ed architettonici, il carattere della gente, fanno della Campania una delle regioni più visitate in Italia.

Una rilevanza sempre maggiore sul mercato turistico nazionale ed internazionale stanno assumendo anche i prodotti enogastronomici della regione: i vini, la mozzarella di bufala, la ricotta, i prodotti ittici, l'olio pregiato, le pizze rustiche, i taralli, i dolci tipici come la sfogliatella e il babà, i torroni, o i liquori come il limoncello.

Simbolo della cultura gastronomica della regione e della città di Napoli è da sempre la pizza, fragrante, allettante e saporito cibo dalle tante varietà: può essere marinara, margherita, capricciosa, ai quattro formaggi, alla diavola, ripiena, fritta o al forno. La pizza è l'alimento preferito dai campani che la gustano in ogni occasione ed ad ogni ora della giornata.

Nota di curiosità

La pizza margherita deve il suo nome al pizzaiolo che la inventò, dedicandola alla Regina d'Italia di allora, Margherita di Savoia, per la quale egli preparò una pizza con i colori della bandiera italiana: verde (basilico), bianco (mozzarella) e rosso (pomodoro).

Ogni anno a Napoli viene organizzato il "Festival Mondiale della Pizza" con gare e degustazioni: qualche anno fa il premio come "Miglior Pizzaiolo" è andato ad un cuoco "giapponese."

Rispondi alle seguenti domande:

1. Qual è il capoluogo della Campania?

2. Per che cosa è famosa la regione?

3. Quali sono i prodotti tipici della regione?

4. Perché la pizza è un alimento così famoso?

TERZA SEQUENZA

Dopo lo schiaffo a Raffaele, il maestro ritorna in classe e nota che ora tutti gli alunni lo rispettano. Decide di lasciare la classe e di non farci più ritorno. Mentre è a casa, la madre di Raffaele lo va ad incontrare e gli racconta la sua storia.

Il maestro torna a scuola e trova tutti i bambini in classe, tra cui anche Raffaele che gli fa uno scherzo. Quando il ragazzo si accorge che il maestro non si arrabbia, lascia la classe furioso.

Il professore decide di restare a Corzano e di non trasferirsi più al Nord.

A ATTIVITÀ DI COMPRENSIONE

A1) Inserisci i termini che mancano nella conversazione tra il Professore e la madre di Raffaele.

> minorile, cesto, buona, 4 figli, a presto, desolato, l'ultima speranza
>
> settimana scorsa, la stessa strada, invalido, lo schiaffo, uova

1. Buona sera Professore.

2. Buona sera Signora Aniello. Prego si accomodi! Sono veramente...............................[a] per ....[b] di questa mattina a suo figlio.

3. Professore, io ho 45 anni, ho.....................[c] e mio marito è......................... [d] mio figlio più grande si chiama Rosario. Lo sapete dove era fino alla.............................[e]? Era al carcere....................[f]. Ma io ero contenta perché almeno sapevo che non potevano fargli del male. Raffaele è il secondo e sta prendendo....................................[g]. Quando ho saputo che voi siete andato a prendere i ragazzi uno a uno, io ho ringraziato la Madonna. Ma ho sentito che volete lasciare la scuola? Professore, vi prego! Voi siete ....[h] per me. Ecco prenda questo....................................[i]. Questo è un gesto di riconoscenza: sono delle ....[l] freschissime e ve le regalo volentieri.

4. Lei è troppo ....[m] e gentile.

5. ArrivederLa Professore!

6. ArrivederLa Signora. ....[n]!

A2) Completa la lettera che il maestro scrive all'Ufficio Trasferimenti per riferire la sua decisione di restare a Corzano.

difficile | alunni | la mia decisione | le mie lezioni | culturali | scolastico | allegria

Napoli, 21 ottobre 2006

Gentilissimi Signori,
con questa mia lettera, voglio comunicarvi .... [1] di restare a Corzano.
Dopo un primo momento molto........................ [2] per la lontananza, per le diverse
abitudini e caratteristiche .... [3] del posto, mi sento molto legato a questi
.... [4] e desidero restare in questa classe fino alla fine dell'anno............ [5].
I miei studenti dimostrano di apprezzare il mio stile ....[6] ed anche i miei
programmi che svolgiamo sempre insieme con ....[7] e serietà.
Vi ringrazio per l'attenzione.
Cordiali saluti
Marco Tullio Sperelli

B AREA TEMATICA: I GIOVANI ED IL TEMPO LIBERO

B3) Secondo te di che cosa parlano i giovani a Corzano? Inserisci nella tabella gli argomenti di cui parlano i giovani e quelli di cui parlano i meno giovani.

andare in discoteca, andare in balera, la dieta, la crociera, fare sport, il bingo, i soldi, il potere, le motociclette, i viaggi organizzati, i viaggi in sacco a pelo, le letture di attualità, ascoltare opera, i videogiochi, i vestiti, il successo nel lavoro, i libri di storia, navigare su Internet, giocare a bridge, ascoltare musica leggera, andare al bar, andare ad un concerto sinfonico, visitare una mostra d'arte, i giochi da tavolo, le letture di stampa periodica, la pensione, la sanità

I Giovani	I meno Giovani

B4) Come sono i giovani di Corzano? Collega gli aggettivi della colonna A con i loro sinonimi della colonna B ed i contrari nella colonna C.

A	B	C
Maturo	Prematuro	Innocente
Conformista	Presuntuoso	Disinteressato
Ribelle	Appassionato	Anticonformista
Precoce	Giudizioso	Calmo, sereno
Ambizioso	Criminale	Pudico
Delinquente	Tradizionalista	Fiducioso
Interessato	Sospettoso	Modesto
Collerico	Scurrile	Immaturo
Sboccato	Indisciplinato	Tardivo
Diffidente	Intrattabile	Ubbidiente

Crea delle frasi in cui inserisci l'aggettivo e/o il suo sinonimo e/o il suo contrario.

Esempio: *Raffaele vuole apparire maturo ma poi in realtà è un bambino molto immaturo!*

1. ....
2. ....
3. ....
4. ....
5. ....
6. ....
7. ....
8. ....

B5) Inserisci per ciascuna categoria le attività che si possono fare nel tempo libero. Ricorda che alcune attività possono essere svolte in più luoghi.

l'alpinismo, visitare una mostra, fare l'equitazione, ascoltare la musica, fare le spese, il tennis, l'automobilismo, andare dal medico specialista, fare windsurf, giocare a calcio, sdraiarsi sulla spiaggia, la corsa, fare un picnic, giocare a freccette, fare castelli di sabbia, giocare a tennis, nuotare, fare una passeggiata, il ciclismo, andare al pub, correre, pattinare, la scherma, prendere il sole, andare a trovare gli amici al Circolo, andare in bicicletta, lo sci nautico, andare sottacqua, ballare in discoteca, chiacchierare, andare al Municipio, fare la vela, il pugilato, osservare flora e fauna, giocare a pallavolo, il pattinaggio, ricamare, rilassarsi, il motociclismo, fare una gita

Gli Sport:...
....
....
....

In Città:..
....
....
....

Nel Parco:...
....
....
....

Al Mare:..
....
....
....

C GRAMMATICA: IL PASSATO PROSSIMO E L'IMPERFETTO

C6) Completa la breve biografia del Prof. Sperelli con le forme verbali appropriate dei verbi in parentesi al Passato Prossimo e all'Imperfetto.

Il Professore Marco Sperelli (nascere).......................[1] a Genova nel 1940. Da bambino (volere)...........................[2] fare il chirurgo, desiderio che (essere).........................[3] in disaccordo con quello del padre che invece (desiderare) ....[4] un figlio avvocato. Nel 1962, Marco (scappare).......................[5] di casa ed (andare)...................[6] a fare il carabiniere perché il lavoro (permettergli).............................[7] di studiare all'università. Quando (laurearsi)..........................[8], (lasciare)........................[9] la carriera militare per diventare un professore. Nell'aprile del 1967 lui (sposare) ....[10] Lucia, una sua vecchia amica, ma loro (divorziare).......................[11] dopo cinque anni di matrimonio.

C7) Crea delle brevi biografie per le persone nelle foto. Ricorda di usare il Passato Prossimo e L'Imperfetto.

Maria De Luigi

Roberto Rossi

Antonio Bacco

Maria De Luigi..

....

....

....

Roberto Rossi...

....

....

....

Antonio Bacco...

....

....

....

C8) Crea delle frasi indicando cosa faceva di solito il Prof. Sperelli quando era bambino e che cosa ha fatto ieri. Ricorda di usare il Passato Prossimo e L'Imperfetto.

Esempio: Da bambino il Professore si svegliava alle 8.00. *Ieri si è svegliato alle 7.00.*

Da Bambino	Ieri
Svegliarsi alle 8.00	*Svegliarsi alle 7.00*
Andare in classe alle 8.30	Andare in classe alle 7.45
Giocare in giardino dopo le lezioni	Correggere i compiti dopo le lezioni
Abitare con i genitori	Prendere una camera ammobiliata
Non mangiare la carne	Mangiare solo verdure
Prendere lezioni di piano	Non suonare il pianoforte
Guardare la TV fino a tardi	Addormentarsi presto davanti la TV

1. ....

2. ....

3. ....

4. ....

5. ....

6. ....

D LETTURA E COMPRENSIONE

D9) Napoli: Patrimonio dell'Umanità

La città di Napoli è la terza città d'Italia per numero di abitanti dopo Roma e Milano ma una delle più famose per la storia e le innumerevoli ricchezze che possiede al suo interno. Basti pensare che il suo centro storico, che è uno dei più vasti del mondo per le sue ricchezze storiche, architettoniche, monumentali e artistiche, nel 1995 è stato inserito dall'UNESCO nella Lista del Patrimonio Mondiale dell'Umanità.

Il centro storico comprende infatti i resti dell'antica città greco-romana (estremamente interessante è la visita alla Napoli sotterranea che consente di percorrere una parte dell'antico acquedotto di epoca romana), le Mura medievali, le Porte, i rinomati Castelli. Tra i castelli occorre menzionare il Castel dell'Ovo (così chiamato per una leggenda secondo la quale il poeta Virgilio ha nascosto nelle segrete del castello un uovo), il Castel Capuano, oggi sede di Tribunali penali e civili, il Maschio Angioino nella maestosa Piazza Municipio (in una delle sue sale, la famosa Sala dei Baroni, oggi si riunisce il Consiglio Comunale della città), il Castel Sant'Elmo sulla collina del Vomero da cui si può godere una spettacolare vista sul golfo di Napoli.

A questi castelli bisogna aggiungere i Palazzi Storici, le due Regge, quattro grandi parchi, la Villa Comunale, il Parco Virgiliano, il Parco di Capodimonte e il Parco della Floridiana, a cui si aggiungono importanti edifici religiosi di grande interesse storico-monumentale e artistico, un Eremo e una Certosa, oltre 20 Musei e *Pinacoteche,*[17] le Fontane monumentali, il Lungomare, le bellissime piazze, come Piazza Plebiscito, i quattro *porticcioli*[18] turistici da cui è possibile prendere *aliscafi*[19] e traghetti per le isole del golfo e per le altre isole italiane.

La città offre innumerevoli escursioni e soste enogastronomiche di assoluta unicità tra cui le botteghe artigianali al Borgo degli Orefici, e via San Gregorio Armeno famosa in tutto il mondo per la produzione degli artistici Presépi napoletani.

Rispondi alle seguenti domande:

1. Perché il centro storico della città di Napoli è tanto famoso?

2. Quanti parchi famosi ci sono nella città?

3. Cos'altro c'è da vedere nella città?

4. Fai una breve ricerca sui vari monumenti storici della città ed indica a quale periodo appartengono.

---

[17] *Pinacoteche* - gallerie destinate alle collezioni di quadri
[18] *porticcioli* - piccoli porti
[19] *aliscafi* - imbarcazioni ad alta velocità

QUARTA SEQUENZA

Il maestro fa il vaccino antinfluenzale ai bambini mentre alcuni di loro parlano della "stagione," che in dialetto napoletano significa l'estate. Alla fine della lezione il bidello Mimì si arrabbia con il maestro perché ha suonato la campanella, cosa che *spettava*[20] invece a lui. I parenti di Rosinella invitano il maestro a trascorrere con loro ed altri amici la cena di Natale. Qui il maestro prende la rosolia e si ammala a Capodanno.

Tommasina scrive il tema di quando si ammala ed il medico non è tanto bravo. La bambina ha bisogno di cure ed il padre deve fare i debiti per pagare i medici e le medicine.

Quando il maestro si reca a casa di Raffaele per portare dei fiori alla mamma il giorno della Festa della Donna, assiste all'arresto del fratello di Raffaele da parte dei Carabinieri.

ATTIVITÀ DI COMPRENSIONE

A1) Il Tema di Tommasina

> Quando io <u>cado malata</u> è <u>un guaio</u> per tutta la casa, ma anche quando cade malato Peppino è un guaio per tutta la casa. Infatti il medico che ci viene a visitare non è tanto buono e un sacco di volte <u>prende una malattia per un'altra</u>. Allora mio padre deve chiamare un altro medico che deve <u>pagare salato</u>. Questo secondo medico si chiama dottor Arnone e <u>si piglia</u> centomila lire. Quando lui arriva tutta la famiglia trema e lui mi visita <u>zitto zitto</u>. Noi non diciamo nulla per paura di <u>sgarrare</u> Il medico è altissimo e quando parla <u>ci fa fare sotto dalla paura</u>. Ma alla fine lui <u>ci ingarra</u> sempre e noi ci sentiamo meglio.
>
> Da "Io speriamo che me la cavo," 81

Collega le espressioni sottolineate con il loro significato.

1. *Cado malata/o*	**a**. Sbaglia, confonde le malattie
2. *Un guaio*	**b**. Si prende
3. *Prende una malattia per un'altra*	**c**. In silenzio
4. *Pagare salato*	**d**. Un problema serio
5. *Si piglia*	**e**. Ci fa spaventare
6. *Zitto zitto*	**f**. Spendere molti soldi
7. *Sgarrare*	**g**. Indovina
8. *Ci fa fare sotto dalla paura*	**h**. Mi ammalo
9. *Ci ingarra*	**i**. Sbagliare

Riscrivi il tema di Tommasina cambiando la prima persona nella terza persona.

Quando Tommasina si ammala...

....

....

....

---

[20] *spettava* - era di competenza

....
....
....

A2) Il Professore fa la puntura antinfluenzale agli alunni. Completa il dialogo con i termini suggeriti nella lista.

> paura / le merende / la puntura / la febbre / la fame /
> un vaccino / il raffreddore / sciocco / le malattie

Il Professore: Ragazzi, mettetevi in fila che vi faccio......................[1]!

Vincenzino: Io non la voglio fare! Mi farà male ed io ho...............[2] degli aghi!

Tommasina: Non fare lo..................[3]! Devi fartela perché così non ti

viene.......................[4]!

Rosinella: E non ti prendi la tosse, ...[5] ed il mal di pancia.

Il Prof.: Bravi! Esatto, il vaccino serve contro ....[6] ed è molto importante per

voi giovani!

Gennarino: Il vaccino serve anche per far passare....................[7]?

Il Prof.: La fame? Che cosa vuoi dire?

Gennarino: Voglio dire che Nicola si sta mangiando ....[8] di tutti noi e volevo

sapere se c'è ....[9] che lo faccia smettere di mangiare!!

B AREA TEMATICA: LA SALUTE

B3) Collega le parole della colonna A con i loro significati nella colonna B.

A	B
1. *Il professore ha una salute di ferro.*	**a.** Nicola non ha perso l'appetito.
2. *Tommasina sta spesso male.*	**b.** Noi abbiamo una particolare reazione verso delle sostanze specifiche.
3. *Vincenzino ha un disturbo intestinale.*	**c.** Mi auguro di riacquistare un buono stato di salute quanto prima.
4. *Nicola non soffre di inappetenza.*	**d.** Lei è di salute debole o delicata.
5. *Raffaele è malato d'insonnia.*	**e.** Lui si è ammalato.
6. *Noi siamo dei soggetti allergici.*	**f.** Lui ha difficoltà a dormire.
7. *Spero di rimettermi in sesto molto presto.*	**g.** I trattamenti presso le sorgenti di acqua fredda e calda lo fanno sentire più *arzillo*[21] e in salute.
8. *Gennarino ha preso l'influenza.*	**h.** Lui gode di ottima salute.
9. *Mio nonno si sente ringiovanito dopo le cure termali.*	**i.** Lui è sprofondato in un sonno profondo.
10. *Con il sonnifero mio padre è caduto in un sonno di piombo*	**l.** Lui ha mal di pancia.

---

[21] *arzillo* - vivace, vispo

Scrivi delle frasi inserendo alcune delle espressioni elencate di sopra.

1. ....

2. ....

3. ....

4. ....

5. ....

6. ....

B4) Collega i vari termini alle categorie a cui appartengono.

la raucedine, lo stomaco, lo specialista, il cervello, il sedativo, l'asma, l'aspirina, il raffreddore,

il cardiologo, il geriatra, l'ipertensione, gli orecchioni, i reni, l'antistaminico, l'otorino, la febbre,

il fegato, il chirurgo, l'antidepressivo, il cuore, il medico, la tonsillite, il sonnifero, l'ortopedico,

l'epatite, la pillola, lo sciroppo, lo stress, il reumatologo, la bronchite, la pasticca, l'infermiera,

la puntura, l'anestesista, la supposta, il morbillo, la gastrite, il mal di gola, i polmoni, l'oculista,

la gola

Le Medicine	Le Malattie ed i Disturbi	Le Persone nel Campo Medico	Le Parti del Corpo

B5) Completa le seguenti frasi con alcuni dei vocaboli appena incontrati.

1. Devo portare mio nonno dal...........................per una visita specialistica.

2. Il professore non può fare lezione perché non ha voce. Lui ha mal di...................

3. Il..........................che mi ha operato è un...................in gamba.

4. Raffaele ha dovuto prendere un...........................per la sua allergia.

5. Gli alunni si sono presi il...............................per lo sbalzo di temperatura.

6. Mia nonna non riesce a dormire! Il medico le ha prescritto un......................
per riuscire a chiudere un occhio.

7. Tommasina beve..........................alla menta per la sua......................!
È l'unica cosa che riesce a prendere per via orale.

8. Gennarino si è fratturato la caviglia. È andato dall'..............................che gli ha
messo il gesso. Lo dovrà tenere per trenta giorni!

C GRAMMATICA: IL FUTURO SEMPLICE ED IL FUTURO ANTERIORE

C6) Rosinella scrive nel diario i suoi desideri di quando sarà grande. Trasforma i verbi in parentesi al Futuro Semplice.

> Corzano, 17 marzo 2006
>
> Caro Diario,
>
> quando (avere)......................[1] 18 anni, (andare)........................[2] a vivere da sola in
>
> un piccolo appartamento. Io (portarsi)......................[3] anche il mio cane Pippo ed i miei
>
> gatti Pluto e Bonny. Io (tenere)...................[4] la mia casa sempre in ordine così quando
>
> i miei genitori (venire)......................[5] a trovarmi, (vedere)........................[6] come
>
> sono brava. Io (invitare).........................[7] i miei amici a cena la sera ed insieme noi
>
> (cucinare).........................[8] dei piatti saporiti.
>
> Il mio amico Gennarino (portare)......................[9] la sua chitarra e noi (cantare)
>
> .... [10] le canzoni napoletane. Io (divertirsi) ....[11] molto
>
> quando (essere)...................[12] grande!!

C7) Costruisci delle frasi complete al Futuro Semplice con gli elementi dati.

1. Il maestro/ svegliarsi/ presto/ uscire per andare in classe.

....

2. I giovani napoletani/ metterci/ delle ore/ per terminare il tema.

....

3. Andrea/ laurearsi/ fra qualche mese.

....

4. Raffaele/ sentirsi/ un po' solo senza la sua mamma.

....

5. Per la ricetta/ occorrere/ un chilo di farina/ un etto di burro.

....

6. Io/ tradurre/ un libro nuovo e/ completare/ l'articolo per il giornale.

....

7. Voi/ venire/ in vacanza a Napoli.

....

8. Il direttore/ cercare/ una nuova assistente/ assumere/ due nuovi collaboratori.

....

C8) Rispondi alle domande con la forma corretta del Futuro Anteriore.

Esempio: Marco (finire) i compiti alle 7.00? *Marco **avrà finito** i compiti alle 7.00?*

1. Prima che l'estate comincerà, gli alunni (finire)...................................la scuola.

2. Raffaele (partire)...............................per Napoli prima che la scuola finirà.

3. Quando lui tornerà, noi (assumere)...............già.................un nuovo cameriere.

4. Rosinella (conoscere)............già.....................il nuovo maestro quando inizierà la scuola.

5. Io (dire).........già.................tutta la verità a mia madre quando tu arriverai!

6. Gennarino (fare)................................un sonnellino quando noi finiremo la lezione.

7. Quando la madre tornerà a casa, Tommasina (pulire).........................la sua stanza.

8. Quando la direttrice nominerà un nuovo maestro, Marco (lasciare) .... il paese da un mese.

⟦D⟧ LETTURA E COMPRENSIONE

D9) La Sanità in Italia

In questa sequenza abbiamo visto che la mamma di Raffaele è stata trasportata in un tipico ospedale italiano. In Italia il sistema sanitario è pubblico ed aperto a tutti i cittadini che possono utilizzare ogni servizio senza necessità di un'assicurazione sanitaria. Lo Stato infatti *trattiene*[22] una quota dallo stipendio per il Servizio Sanitario.

I servizi ospedalieri sono in genere gratuiti, ma solo in caso di cure molto particolari, richiedono una partecipazione alla spesa da parte dei pazienti che si chiama "ticket." Il costo del ticket per tali visite o cure non è eccessivo e tutti i cittadini possono *usufruire*[23] di un'ottima assistenza sanitaria negli ospedali pubblici o privati, nei *policlinici*[24] o nelle cliniche private. Il cittadino oltre i 65 anni non ha l'obbligo di pagamento di alcun ticket.

In genere, il cittadino deve iscriversi al Servizio Sanitario Nazionale e scegliere un medico di base, chiamato anche "di famiglia" che gli presta assistenza medica generale nella diagnosi, nella terapia e nella riabilitazione. Il medico generico può consigliare cure specialistiche presso medici specialisti che di solito ricevono i pazienti gratuitamente negli ospedali o negli studi privati. In quest'ultimo caso però il paziente paga la visita.

---

[22] *trattiene* - prende, mette da parte
[23] *usufruire* - usare
[24] *policlinici* - complessi ospedalieri divisi in vari padiglioni

In Italia gli ospedali offrono ogni tipo di cura ed assistenza anche altamente specifica e specialistica, come i trapianti, le ricostruzioni, le operazioni chirurgiche di vario genere e serietà. Questi servizi sono accessibili anche agli stranieri residenti in Italia con regolare permesso di soggiorno.

Il Servizio Sanitario italiano, oltre a fornire assistenza sanitaria, si propone di:

- formare un'adeguata educazione sanitaria dei cittadini;
- incrementare le campagne di informazione per la prevenzione delle malattie e degli infortuni, sia nella vita quotidiana che negli ambienti di lavoro;
- controllare gli alimenti e la loro provenienza;
- fornire la necessaria assistenza agli anziani.

Rispondi alle seguenti domande:

1. Che tipo d'assistenza offre il Servizio Sanitario Nazionale?

2. Qual è l'obbligo del cittadino?

3. Quali sono le cure che gli ospedali possono dare al cittadino?

4. Quali sono gli altri obiettivi del sistema sanitario?

QUINTA SEQUENZA

È l'otto marzo, Festa della Donna, ed il maestro compra le mimose che regala alle alunne della classe. Porta anche i dolci in classe. I bambini lo prendono in giro perché non è sposato. Dopo la pausa, il maestro dà un problema di matematica che gli alunni devono fare in due ore. Dopo la matematica c'è la ricreazione.

Il maestro porta i bambini a fare una gita e Raffaele segue il pullman con il motorino. Nel pullman si parla della violenza nella città di Napoli e del problema della droga. Secondo gli alunni i drogati sono tutti poveri quindi per comprarsi la droga fanno gli *scippi,*[25] i furti ed ammazzano le persone.

Gli alunni ed il maestro vanno a visitare la Reggia di Caserta e parlano della Rivoluzione francese. Vanno anche nel parco della Reggia dove mangiano i loro panini. Mentre mangiano, esprimono i loro pareri sui vari popoli.

ATTIVITÀ DI COMPRENSIONE

A1) Metti nel giusto ordine la conversazione tra il maestro ed i suoi alunni.

1. **Il maestro:** Ora che stiamo mangiando parliamo un po' di come descrivereste i popoli europei. Incominciamo dagli italiani!
2. **Il maestro:** Ragazzi ma a voi non piace nessuno?!
3. **Gennarino:** Anche i tedeschi possono essere belli o brutti ma io li disprezzo profondamente!
4. **Gennarino:** Perché si credono i meglio di tutti come i francesi che proprio non digerisco!
5. **Rosinella:** A me non piacciono gli svizzeri perché loro hanno tanti soldi ma non aiutano nessuno.
6. **Nicola:** Oh, Sì! A me piacciono i napoletani perché loro sono sempre sorridenti e poi cucinano troppo bene.
7. **Tommasina:** Anche io non sopporto i francesi perché fanno la guerra del vino con l'Italia.
8. **Rosinella:** Ma tu pensi sempre al mangiare?!?!?!?!?
9. **Vincenzino:** Secondo me gli italiani possono essere belli e brutti, intelligenti e scemi, bassi e alti.
10. **Il maestro:** E perché li disprezzi?

_____/_____/_____/_____/_____/_____/_____/_____/_____/_____

A2) Il maestro ed i suoi alunni mangiano i loro panini accanto alla famosa fontana di "Diana" che si trova nel parco della Reggia di Caserta. Inserisci i termini che mancano alla descrizione che il maestro fa del Parco.

> sentieri, innumerevoli, botanico, grande cascata, piante grasse, castello,
>
> il parco, mitologia, fontane, il re, mostre, Inglese

Cari ragazzi, dovete sapere che ....[1] dove ci troviamo è uno dei più grandi ed

importanti d'Italia. Ci sono ....[2] bellezze al suo interno: ci sono boschetti, sei

grandi ....[3] tutte dedicate a personaggi della ....[4] come Venere

ed Adone, Diana e Atteone (che è quella nei cui pressi ci troviamo ora), Eolo e Cerere. Nel Parco

c'è un piccolo....................[5] chiamato "la Castelluccia" dove oggi si tengono................... [6]

e convegni, una Grande Peschiera dove anticamente....................[7] si recava a pescare, una

---

[25] *scippi* - furti in luogo pubblico

........................[8] ed infine il famosissimo Giardino.......................[9], voluto dalla regina e realizzato da un famoso......................[10], Andrea Gräfer. All'interno del giardino voi potete trovare......................[11], zone verdi, magnolie, pini, ...[12] e acquatiche, fiori e piante da diverse parti del mondo.

B AREA TEMATICA: IL VIAGGIARE

B3a) Inserisci i termini nelle categorie a cui appartengono.

agriturismo, direttore, camera singola/matrimoniale, gita, albergo, ascensore alla spiaggia, crociera, aria condizionata, cameriera, bagnino, pensione, bagno o doccia in camera, soggiorno lungo/corto, portiere di notte, vista panoramica, villaggio turistico, impiegato alla sicurezza, viaggio all'estero, passeggiata, frigobar, villa, escursione, palestra, residence, attrezzatura congressuale, hotel, spiaggia privata, fine settimana, parcheggiatore, camera tripla, pellegrinaggio, piscina coperta/scoperta, servizio lavanderia, appartamento, cuoco, bungalow, campeggio, traversata, solarium, cure termali, televisore, giardino privato, barista, locanda

Tipo di Viaggio	Luoghi di Pernottamento	Servizi di un Albergo	Persone di un Albergo

B3b) Inserisci alcuni dei vocaboli appena incontrati nelle frasi seguenti.

1. Mia madre è andata in............................al Monastero di Casamari. Lei è una persona molto devota.

2. Vincenzino sogna di fare una..........................in tutte le isole della Grecia.

3. La stanza dell'albergo ha una stupenda............................sulla piazza principale del paese.

4. Gli alunni vanno a fare una..................a Caserta e visitano la famosa Reggia.

5. Il maestro fa la ....dell'oceano a bordo di una nave francese.

6. La pensione è modesta ma offre un comodissimo...............................che ci porta direttamente a mare!

B4) Indica "l'intruso" tra i termini che trovi elencati di sotto.

1. Quando Raffaele va in campeggio si porta sempre lo zaino, il sacco a pelo, il cibo in scatola, il fornello a gas, la tenda, la lampada, il tostapane.

2. Quando Vincenzino va a fare trekking in montagna ha bisogno degli scarponi, della giacca a vento, del costume da bagno, della crema per il sole, degli occhiali scuri, del berretto, del maglione pesante, dei pantaloni lunghi e di una mappa.

3. Quando Rosinella va al mare si mette il bikini e porta la crema solare, le ciabatte, gli occhiali, l'impermeabile, il copricostume, il libro, il giornale, l'Ipod, la bottiglia dell'acqua e il pallone.

4. Tra i cartelli che gli alunni leggono alla Reggia c'è: "Aperto," "Chiuso," "Sciopero," "Divieto di Sosta," "Vietato Fumare," "Fuori Servizio," "Uscita," "Entrata," "Vietato Nuotare," "Vietato l'Ingresso ai non Addetti," "Servizi," "Informazioni."

B5) Completa le frasi della colonna A con quelle della colonna B.

A	B
1. L'agenzia di viaggi ci fornisce	**a.** il suo volo aereo.
2. Tommasina prenoterà domani	**b.** mezza pensione.
3. Il villaggio turistico è composto di	**c.** con il gommone di Rosinella.
4. L'hotel offre solo la	**d.** campagna tra ulivi e vigneti.
5. Nella mezza pensione sono inclusi	**e.** una barca a vela e/o a motore.
6. Vincenzino e Nicola vanno a mare	**f.** i dépliant e gli opuscoli per il nostro soggiorno.
7. L'agriturismo è situato in piena	**g.** "Pensione Stella" perché è a gestione familiare.
8. Il maestro preferisce la	**h.** serate danzanti e spettacoli all'aperto.
9. Nel campeggio posso noleggiare	**i.** 24 villette individuali.
10. L'animazione del villaggio prevede	**l.** la colazione e un solo pasto.

C GRAMMATICA: IL CONDIZIONALE PRESENTE E PASSATO

C6) Raffaele ha appena giocato al lotto e sogna ad occhi aperti che cosa farebbe se vincesse una grossa somma. Completa la sua descrizione con la forma corretta del Condizionale Presente.

Se io vincessi il Lotto, non (lavorare)......................[1] più. (Lasciare)......................[2] la mia

città e (trasferirsi).......................[3] in un'isola dei Caraibi. (Comprare).........................[4]

una villa magnifica sul mare con tante stanze. Mia madre e mio padre (venire)......................[5]

a stare con me ed i miei fratelli, invece, (avere)..............................[6] una casa per ciascuno!

(Invitare)..........................[7] i miei amici di classe con i quali (nuotare)........................ [8]

a lungo nel mare e (pescare)................................[9] tanti pesci prelibati. La sera io

(organizzare) ....[10] delle feste spettacolari con balli, canti e tanto tanto

cibo! Infine, (dare)..........................[11] anche una grossa somma di denaro in beneficenza!

Io (essere).......................[12] molto contento se vincessi il Lotto!

C7) Raffaele ha appena saputo di non aver vinto al lotto. Trasforma il brano di sopra al Condizionale Passato.

Se avessi vinto il lotto, io non **avrei lavorato** più.

Io...

....

....

....

....

....

....

....

....

....

....

C8) Trasforma i verbi delle seguenti frasi al Condizionale Presente.

1. Signore, mi può dire dov'è la classe Terza B? **Signore, mi potrebbe dire dov'è la classe Terza B?**

2. Rosinella, mi passi il tuo quaderno? ....

3. Resto ancora un po' in classe! ....

4. Il maestro si trasferisce al Nord. ....

5. Vincenzino legge il suo tema. ....

6. Nicola fa merenda in giardino. ....

7. I ragazzi bevono un succo di frutta. ....

8. Rosinella viene alla festa. ....

9. Io vado alla lezione alle 8.00. ....

10. Tu traduci la poesia in tedesco. ....

C9) Che cosa faresti in vacanza al mare? Racconta i tuoi piani con la forma corretta dei verbi al Condizionale Presente.

....

....

....

....

....

....

....

....

D LETTURA E COMPRENSIONE

D10) La Reggia di Caserta

La prima pietra per la costruzione della Reggia **Vanvitelliana** di Caserta, col Parco e il Giardino Inglese, è stata posta nel 1752 dal re Carlo di Borbone con l'intenzione di spostare il Palazzo Reale da Napoli a Caserta.

La costruzione è stata affidata ad uno degli architetti più famosi del tempo, Luigi Vanvitelli, che ha realizzato quello che oggi è uno dei monumenti più visitati d'Italia.

Il genio di Vanvitelli si rivela nell'architettura dell'imponente complesso di cui oggi è possibile visitare solo una parte. Delle più di mille stanze infatti, oggi il turista può vedere solo una sessantina di sale, riccamente arredate e splendido esempio della sontuosità del complesso.

La visita incomincia dal famoso Scalone e dalla grande statua di Ercole da cui si accede al Vestibolo e alla Cappella Palatina. Poi si entra negli Appartamenti Reali che incominciano con la Sala degli Alabardieri in cui si trovano stucchi, decorazioni e busti delle regine; a questa sala fa seguito la Sala delle Guardie del Corpo con ricchi arredi. Si prosegue con la Sala di Alessandro, riccamente arredata, e con la Sala di Marte, che è ancora più fastosa. Si passa quindi alla Sala di Astrea che era destinata ai diplomatici e in cui si trova un maestoso dipinto della Dea della Giustizia. A questa sala segue la Sala del Trono, la più ampia dove c'è un magnifico pavimento, splendidi stucchi, 46 medaglioni dei Re, preziosi arredamenti, affreschi e l'imponente trono. Dalle finestre di questa sala si può avere una stupenda vista sul Vialone Carlo III che porta fino alla città di Napoli, visibile in lontananza.

Gli appartamenti reali si distinguono nell'Appartamento Nuovo di cui fanno parte la Sala del Consiglio, il Salotto, la Camera da Letto ed il Bagno di Francesco II, riccamente arredati; nell'Appartamento Vecchio, invece, ci sono la Sala della Primavera, la Sala dell'Estate, lo Studio di

Fernando IV ed il Salottino del Re. C'è anche la sala della Biblioteca che contiene una Sala Lettura e tre sale contenenti migliaia di libri.

In uno dei quattro ampi Cortili della Reggia c'è anche il famoso Teatro di Corte con 41 palchi oggi importante sede di convegni o eventi pubblici.

Nota di curiosità

Nel film Ciao, Professore! *si vedono i ragazzi scendere le scale del famoso Scalone e camminare lungo le preziose Sale della Reggia.*

Il regista americano George Lucas ha girato una famosa scena del film Guerre Stellari, *(il Secondo Episodio dell'ultima versione), nel vestibolo della Reggia e ha fatto la Conferenza Stampa per il debutto italiano del film nel Teatro di Corte. La sottoscritta autrice ha fatto da interprete al regista durante la menzionata conferenza stampa!*

Durante la riunione dei G8 a Napoli, è stata allestita una fastosa cena nella Sala del Trono della Reggia per i capi di Stato e di Governo dei paesi partecipanti alla riunione.

Rispondi alle seguenti domande:

1. Quando e per quale motivo è stata costruita la Reggia di Caserta?

2. Quanti appartamenti ci sono nella Reggia?

3. Quante sale compongono la Biblioteca?

4. Dove si trova il Teatro di Corte?

5. La Reggia di Caserta è stata spesso la sede in cui sono state girate delle scene di famosi film italiani ed internazionali. Fai una breve ricerca e discutine in classe con il tuo insegnante o con un amico.

SESTA SEQUENZA

Il maestro torna a casa dopo una gita con gli alunni. Con il sottofondo musicale di Louis Armstrong legge una lettera che gli è arrivata da Genova. Nella lettera c'è una brutta notizia e al maestro viene la malinconia. Mentre mangia una fetta di dolce rustico, Raffaele lo chiama per dirgli che la madre sta molto male ed occorre un'autoambulanza. Il maestro chiama l'ospedale ma non riceve alcuna assistenza: decide allora di prendere la sua macchina ma Raffaele dice che non è possibile perché lui ha bucato le ruote ed ha messo lo zucchero nella benzina. I due pensano di rubare una macchina ma poi un amico di Raffaele li accompagna all'ospedale con un piccolo furgoncino. Qui i medici perdono molto tempo ed i pazienti devono aspettare molte ore ma alla fine la mamma di Raffaele, grazie anche all'intervento del maestro, viene curata e si sente meglio.

A ATTIVITÀ DI COMPRENSIONE

A1) Metti nel giusto ordine la conversazione tra Raffaele ed il medico all'ospedale.

1. La prego! Gli dica di sbrigarsi!!
2. Dottore! La prego, deve visitare mia madre!
3. Non lo so ancora! Forse ha una colica!
4. Ma dottore, lei sta molto male ed io non so cosa fare!
5. Una colica?! E che cosa le devo dare?
6. Tu non puoi darle niente! Adesso chiamo un infermiere che la farà una puntura di calmante.
7. Mi dispiace ho fretta ed ora non posso!
8. E quando arriva l'infermiere?
9. Non vedi che sono molto impegnato! Ci sono altri malati che devo vedere!
10. Mi dica almeno che cosa ha mia madre!
11. Arriva appena possibile!

_____ / _____ / _____ / _____ / _____ / _____ / _____ / _____ / _____ / _____ / _____

A2) Completa la lettera che il maestro ha appena ricevuto da Genova con i termini della lista.

sede, lettera, suo collega, la firma, classe, il latino, la settimana, il compito

il 5 gennaio 2006

Gent.mo prof. Sperelli,

con questa.................[1] Le comunico che la sua richiesta di trasferimento è stata accolta. La sua nuova ....[2] è la Scuola Elementare "Flavio Bucci" a Corsano, provincia di Genova, e la sua ....[3] è la Quarta B! Lei insegnerà la grammatica, ...[4], la storia e la geografia, mentre il ....[5] Marco Tafo insegnerà le materie scientifiche. La Signora Elizabeth Smith avrà ....[6] di insegnare la lingua inglese per un totale di quattro ore.................[7]

La prego di presentarsi al mio ufficio entro il 23 giugno per.................[8] dei documenti necessari.

La saluto cordialmente.

Prof. Tullio Armandi
Preside della Scuola Elementare "Flavio Bucci"
Corsano, Genova

A3) Collega le espressioni idiomatiche della colonna A con il loro significato nella colonna B.

A

1. *In quest'ospedale ti lasciano crepare.*
2. *Gennarino sfotte sempre Nicola perché lui è grasso.*
3. *Totò tira a campare.*
4. *Non sto nella pelle per la bella notizia!*
5. *L'infermiere vuole la mazzetta!*

B

a. Lui vuole la mancia.
b. Sono troppo contenta!
c. Lui si arrangia come può.
d. I medici ti lasciano morire!
e. Lui prende sempre in giro l'amico per il suo peso.

B AREA TEMATICA: I MEZZI DI COMUNICAZIONE

B4) Inserisci i vari termini nelle categorie a cui appartengono.

statale, canale, trimestrale, telenovela, varietà, il fotoreporter, miniserie, sceneggiato, pubblica, il conduttore, l'inviato, rete, il presentatore, documentario, il produttore, il pubblico, quotidiano, privata, il telespettatore, via cavo, il regista, il divo, giornale, canone televisivo, periodico, rivista, fiction, programma sportivo, mensile, il cronista, il giornalista, semestrale, il redattore, via satellite, lo spettatore, telegiornale, settimanale

Televisione: ....
....
....

Programma televisivo: ....
....
....

Persone della televisione: ....
....
....

Stampa: ....
....
....

Persone della stampa: ....
....
....

B5) Inserisci alcuni dei vocaboli appena incontrati nelle frasi sotto.

1. Rosinella guarda sempre la........................"Sentieri" perché a lei piace il protagonista maschile.

2. Nicola e Gennarino guardano il ....alla TV perché vogliono sapere i risultati delle partite di calcio.

3. Mia madre legge sempre il...........................che esce tutti i giorni, mentre mia nonna preferisce la rivista........................"Donna" che esce una volta al mese.

4. ....ha dato la terribile notizia durante il telegiornale!

5. Al maestro piace quel....................perché ci sono delle fotografie bellissime scattate dai migliori...........................

6. Quel ....della serie televisiva "Amici" è molto affascinante!

B6) Cerca l'<u>intruso</u> tra le parole suggerite.

1. Il Film può essere d'animazione, d'avventura, di fantascienza, dell'orrore, drammatico, musicale, poliziesco, amichevole, storico, comico, un giallo.

2. Tra le reti pubbliche e private italiane c'è Rai Uno, Rai Due, Rai Tre, Rai Quattro, Canale 5, Italia 1, Retequattro, Telemontecarlo, la 7.

3. il Settimanale può essere di politica, di cultura, di economia, di moda, di attualità, di cronaca e spettacolo, di sport, quotidiano.

4. Sulla prima pagina del giornale c'è la testata, la notizia d'apertura, il titolo, l'editoriale, il conduttore, l'articolo di spalla, la vignetta, il sommario.

5. Le sezioni di un giornale sono la politica interna, via cavo, la politica estera, la cronaca nera, la cronaca rosa, gli spettacoli, la cultura, lo sport.

B7) Esamina i programmi televisivi di Rai Uno e collegali ai generi a cui corrispondono.

	MATTINO
06:10	TELEFILM-È proibito ballare
06:30	Tg1
	-CCISS Viaggiare informati
06:45	Unomattina
	-Che tempo fa
07:00	Tg1
07:30	Tg1 L.i.s.
	-Che tempo fa
08:00	Tg1
	-Tg1 Mostre ed Eventi
	-Che tempo fa
09:00	Tg1
	-Che tempo fa
09:25	Appuntamento al cinema Varietà
09:30	Festa della Repubblica Attualità
	POMERIGGIO
12:15	Quirinale-Concerto per la Festa della Repubblica
13:30	TELEGIORNALE
14:00	Tg1 Economia
14:10	FICTION-Sottocasa-20^ puntata
14:35	TELEFILM-Le sorelle McLeod
16:00	Festa italiana Varietà
16:50	Tg Parlamento
	-CCISS Viaggiare informati
17:00	Tg1
17:10	Che tempo fa
17:15	La vita in diretta Varietà
18:50	L'eredità Attualità
20:00	TELEGIORNALE
	SERA
20:30	Calcio:Italia-Ucraina
23:05	Tg1
23:20	Porta a porta Attualità
01:00	Film: Arma Letale 3

Telefilm e Sceneggiati...

....

Varietà..

....

Film...

....

Telegiornale e Sport..

....

Attualità..

....

Musica..

....

C GRAMMATICA: I VERBI MODALI

C8) Coniuga i verbi tra parentesi nella colonna A e collega le domande con le risposte nella colonna B.

A

1. *Professore, (potere) .... uscire?*

2. *Tu (dovere).....................proprio dormire in classe?*

3. *Noi (volere)....................leggere insieme il paragrafo?*

4. *Voi (potere)....................dirmi come si chiama la capitale della Francia?*

5. *Rosinella, (dovere)...............fare l'esercizio a pagina 5?*

6. *Signora, (volere)....................un cappuccino?*

7. *Raffaele (potere)....................portare il motorino?*

8. *Gennarino e Nicola non (dovere) .... studiare inglese?*

B

a. Sì, è una buona idea!

b. Sì, Parigi!

c. No, l'ho già fatto! Ora sto facendo quello a pagina 6!

d. Sì, ma lui deve mettersi il casco!

e. Sì, vai pure Nicola!

f. No, ma seguiranno un corso di lingua l'anno prossimo.

g. Sì, grazie! E anche un cornetto, per favore.

h. Che cosa ci posso fare! Ho tanto sonno!

C9) Completa le seguenti frasi con la forma corretta dei verbi modali Volere, Potere e Dovere al Presente. Poi trasforma tutte le frasi al Passato Prossimo.

1. Fa troppo freddo in questa classe! Io non.............................starci più!

....

2. Tommasina e Vincenzino ....fare il compito in classe.

....

3. La direttrice della scuola.........................licenziare il bidello perché lui è sempre in ritardo per il lavoro.

....

4. Gli alunni.......................fare il riassunto del brano.

....

5. Le uniche verdure che Nicola non.......................mangiare sono le carote e i piselli! Lui è allergico ad entrambe.

....

6. Il maestro fa i bagagli per partire. L'ultima cosa che.......................fare è passare dall'ufficio postale per imbucare una lettera.

....

7. Io.......................portare Vincenzino alla partita di tennis! A lui piace molto André Agassi!

....

8. Noi non.......................visitare quelle sale della Reggia perché sono in restauro!

....

C10) Il maestro parla dei suoi ultimi giorni a Corzano. Completa il paragrafo con la forma appropriata dei verbi modali al Presente e/o al Futuro.

Io non (potere).......................[1] mai dimenticare la mia esperienza in questa città e con questi ragazzi. Loro non (sapere).......................[2] ancora che io (dovere).......................[3] lasciarli e sono sicuro che loro saranno molto dispiaciuti della mia partenza. Io (volere).......................[4] ricordare tutti i momenti belli trascorsi con loro e sapere che loro (potere).......................[5] restare con me per sempre. Io non (sapere).......................[6] se i miei alunni mi dimenticheranno ma io (potere).......................[7] dire con certezza che resterò sempre una parte importante delle loro vite. Loro (dovere).......................[8] avere uno splendido futuro: è questo che mi auguro con tutto il cuore!!

D LETTURA E COMPRENSIONE

D11) Il Servizio Pubblico Radiotelevisivo (RAI)

La Radiotelevisione Italiana, da tutti conosciuta come Rai, è nata il 3 gennaio 1953.

La Rai, oltre a gestire le tre reti televisive (Rai Uno, Rai Due e Rai Tre) e le stazioni radiofoniche nazionali, si occupa anche di altre società nel campo dell'editoria, della pubblicità, della produzione, del *noleggio*[26] e del commercio di film. Per usufruire di tale servizio televisivo pubblico, il cittadino italiano deve pagare una tassa annuale, il canone, che ammonta a poco più di cento euro annui.

Dopo un monopolio durato quasi 20 anni, a partire dalla metà degli anni 70 la Rai deve confrontarsi con altri canali privati come Canale 5, Retequattro, Italia 1, Telepiù, Telemontecarlo, Videomusic e tanti altri.

Oltre a questi canali, esiste oggi anche un altro servizio a pagamento di cui il cittadino si può *avvalere*:[27] si tratta della "Sky," servizio che consente la visione di canali di soli film, programmi in lingua straniera (CNN, FOX, NBS e altri), di arte *culinaria*,[28] di *approfondimento*[29] culturale, sociale, storico, di sport, canali con notiziari 24 ore al giorno e in tutte le lingue, ed infine cartoni animati per i più giovani.

Per *contrastare*[30] questa concorrenza, la Rai cerca di produrre programmi che *conciliano*[31] qualità e competitività, creando al tempo stesso ampio sviluppo in aree specifiche come il settore della cultura, del cinema, dello sport e degli sceneggiati televisivi. È infatti nel settore della "fiction" che ultimamente la Rai sta registrando *un ampio consenso*[32] da parte del pubblico che sembra apprezzare sempre più i prodotti trasmessi dalle reti Rai. Altro grande settore di successo è *il campo dell'intrattenimento*[33] con i varietà, i giochi a premi e i talk show che incontrano sempre un alto gradimento da parte dei telespettatori.

Rispondi alle seguenti domande:

1. Che cos'è la Rai e di quali servizi si occupa?

2. Quali sono i canali che è possibile vedere alla TV?

3. In quale settore la Rai è particolarmente impegnata a creare prodotti competitivi e di alta qualità?

4. Quali sono gli altri settori di alto indice di ascolto?

---

[26] *noleggio* - uso temporaneo di un oggetto
[27] *avvalere* - usufruire
[28] *culinaria* - della cucina
[29] *approfondimento* - programma esauriente ed articolato
[30] *contrastare* - combattere, o battere
[31] *conciliano* - mettono insieme, favoriscono
[32] *un ampio consenso* - una vasta approvazione
[33] *il campo dell'intrattenimento* - genere di spettacolo di solito "leggero"

SETTIMA SEQUENZA

Il professore rivela a Raffaele della sua lettera di trasferimento al Nord. Il giorno della sua partenza tutti gli alunni, la direttrice con il figlio ed i padroni di casa lo salutano affettuosamente. Raffaele, il ragazzo difficile dell'inizio del film, si dimostra forse il più legato al maestro e gli consegna il suo tema finale, una personale considerazione sulla parabola della fine del mondo. Quando il treno parte, Raffaele segue con il suo motorino il maestro.

A ATTIVITÀ DI COMPRENSIONE

A1) Rimetti nel giusto ordine il dialogo tra il maestro ed i suoi alunni alla stazione.

1. Non ti preoccupare, Gennarino! Me lo puoi mandare anche la settimana prossima.
2. Sì, è vero che non potrete mai dimenticarci anche perché dovrete portare sempre quest'orecchino!
3. Va bene! Ragazzi grazie di tutto ed anche di tutti questi compiti che ora correggerò sul treno!
4. Caro Professore, io non vi dimenticherò mai!
5. L'orecchino?!?! Allora sono proprio dei vostri!?!?
6. Grazie Rosinella! Anche io non dimenticherò mai te e tutti voi!
7. Arrivederci, Professore!
8. Eh Sì!! Ma attento a dove lo mettete!!
9. Professore, il mio tema ve lo spedirò a casa! Spero che non siate arrabbiato con me se sono in ritardo con il compito!
10. Arrivederci, Ragazzi. Vi scriverò!
11. Bene ragazzi, ora devo andare!

_____/_____/_____/_____/_____/_____/_____/_____/_____/_____/_____

A2) Completa il tema di Raffaele con i termini della lista.

> le capre, I buoni, la parabola, a sinistra, un po', strettissima,
>
> Purgatorio, un secolo, porte, le anime

Io preferisco ....[1] della fine del mondo, perché non ho paura e perché sarò già morto da........................[2] Dio separerà ....[3] dai pastori e li metterà uno a destra e gli altri...............................[4], e al centro ci saranno coloro che andranno in Purgatorio. Dio avrà tre ....[5] una grandissima (per l'Inferno), una media (per il Purgatorio) ed una ....[6] (per il Paradiso) e tutte ....[7] saranno divise e dovranno passare per una di quelle porte. ....[8] rideranno, i cattivi piangeranno e quelli del ....[9] un po' rideranno ed ....[10] piangeranno. Ed io....speriamo che me la cavo!

Da "io speriamo che me la cavo," 23.

B AREA TEMATICA: L'ALIMENTAZIONE

B3a) Collega i termini della colonna A con i loro significati nella colonna B.

A	B
1. *Caloria*	**a.** Mancanza patologica di appetito
2. *Vitamine*	**b.** Assunzione di sostanze necessarie per le funzioni vitali
3. *Anoressia*	**c.** Scarsa o carente assunzione di cibo
4. *Bulimia*	**d.** Eccessivo peso corporeo
5. *Nutrizione*	**e.** Gruppo di sostanze organiche indispensabili per il corpo umano. Sono contenute in tutti gli alimenti.
6. *Malnutrizione*	**f.** Essere sottopeso
7. *Obesità*	**g.** Aumento morboso dell'appetito
8. *Magrezza*	**h.** Contenuto energetico degli alimenti

B3b) Inserisci alcuni dei termini appena incontrati nelle seguenti frasi. Ricorda di modificare il termine se necessario.

1. Nicola dovrebbe smettere di mangiare tutti quei dolci altrimenti diventerà un ....!

2. La torta al cioccolato ha più ....di quella al limone!

3. Per il raffreddore devi bere molto succo d'arancia che ha la .... "**C**"!

4. La sua ....è dovuta al troppo stress ed alla mancanza di riposo, ma anche al suo carattere troppo ansioso!

5. La...........................di molte modelle è dovuta alla loro necessità di apparire sempre snelle e belle!

B4) La classificazione alimentare: Inserisci i diversi alimenti nei gruppi di appartenenza.

panna, potassio, pasta, uova, patate, sodio, ferro, zucchero, legumi, cloro, carne, burro, pesce, lardo, latte ed i suoi derivati, fosforo, legumi, olio d'oliva, margarina, pane, calcio, magnesio, olio di semi, cereali, strutto

Carboidrati:..
....

Proteine:..
....

Grassi vegetali ed animali:...
....

Sali minerali:...
....

B5) Identifica "l'intruso" tra i termini suggeriti.

1. In cucina si può friggere, soffriggere, tagliare, cucinare, tritare, sbattere, grattugiare, numerare, mescolare.

2. Tra i condimenti ci sono le spezie, il sale, l'olio, la polenta, gli odori, il pepe di caienna, il peperoncino, l'aceto balsamico, le erbe aromatiche, il timo e la salvia.

3. In generale l'alimentazione può essere leggera, pesante, genuina, semplice, sana, equilibrata, naturale, varia, ricca o povera, allegra.

4. Tra i cibi energetici e non energetici ci sono i carboidrati, gli zuccheri, l'acqua, i grassi, le vitamine, i sali minerali, le proteine e l'aceto.

5. Il pane può essere sotto forma di pagnotta, focaccia, ciabatta, treccia, rosetta, rossella, filone, grissino.

6. Le proteine possono essere ad *alto valore biologico* (contenute nella carne, nel pesce, nelle uova, nel latte ed nei suoi derivati); a *medio valore biologico* (contenute nei legumi); a *basso valore biologico* (contenute nei cereali e nel burro).

B6) Il maestro suggerisce una dieta sana ed equilibrata agli studenti. Metti nel giusto ordine i termini della lista.

Fagiolini (120 gr.); prosciutto crudo (50 gr.); una mela; latte fresco parzialmente scremato (200 gr.); 2 prugne; patate (150 gr.); caffè (1 cucchiaino di zucchero); 1 panino; insalata mista; riso (80 gr.) con sugo di verdure; 6 biscotti secchi; insalata di polpo (150 gr.); 2 palline di gelato alla frutta; olive nere (20 gr.); mezzo panino; capperi ed aromi; una banana

Colazione

Spuntino

Pranzo

Spuntino

Cena

C GRAMMATICA: I COMPARATIVI ED I SUPERLATIVI REGOLARI ED IRREGOLARI

C7) Completa con la forma corretta del comparativo (Maggioranza, Minoranza ed Uguaglianza) e della preposizione articolata quando necessaria.

1. Vincenzino è....................vivace.................Totò.

2. Nella classe ci sono.................banchi ....sedie.

3. La Scuola "De Amicis" ha.................alunni ....professori.

4. Rosinella e Tommasina sono....................divertenti ....altre studentesse.

5. Il maestro Sperelli è.................vecchio.................te.

6. Il maestro Sperelli ha.................cassette di musica ....CD.

7. La direttrice è......................antipatica.................bidello.

8. La mia amica è....................sensibile..............tua!

9. Corzano ha......................abitanti....................Napoli.

10. Corzano ha.................studenti.................scuole.

C8) Crea dei paragoni con i comparativi. Segui l'esempio e ricorda che si tratta di una tua opinione personale.

Esempio: Gennarino / sfaticato / Raffaele

Gennarino è meno sfaticato di Raffaele. *oppure* ***Gennarino è più sfaticato di Raffaele.***

oppure ***Gennarino è (tanto) sfaticato quanto Raffaele.***

1. Marcello/carino/Carlo

....

2. Nicola/allegro/altri studenti

....

3. Quel monumento/importante/quell'edificio

....

4. Il tema di Raffaele/interessante/il tema di Vincenzino

....

5. Il tempo oggi/cattivo/ieri

....

6. Alberto /fratello/piccolo/famiglia

....

7. Al Sud le porzioni di cibo/grandi/al Nord

....

8. I ragazzi/curiosi/le ragazze

....

C9) Forma delle frasi usando il superlativo relativo o assoluto.

Esempio: L'italiano / lingua difficile

L'italiano è la lingua più difficile.

1. Gli alunni della Terza B/maleducati/scuola

....

2. Vincenzino/bambino esuberante

....

3. Il traffico/grande problema/città industriali

....

4. I vini italiani/buoni

....

5. I musei capitolini/rilevanti/Italia

....

6. La scuola di Corzano/cattivo/paese

....

7. Quella decisione/giusta/che lui possa prendere

....

8. Il film *Ciao, Professore!*/divertente/film comici moderni

....

9. La Ferrari/automobile/veloce

....

10. Queste storie/cattive/libro

....

C10) Completa le frasi con la forma appropriata (aggettivo o avverbio) del comparativo o superlativo irregolare.

1. Gli sportivi seguono una dieta (meglio/migliore)..................di noi.

2. Io scrivo (peggio/peggiore).....................degli altri studenti.

3. (La migliore/meglio)......................temperatura è quella primaverile.

4. Le strade a Corzano sono (le peggiori/peggio)...................della regione.

5. (la maggior/peggio)....................parte degli alunni studia

(migliore/meglio)..............................a casa che a scuola.

6. I vestiti italiani sono (i migliori/meglio)..............................del mondo!

7. Il tema di Nicola è (peggiore/peggio).....................di quello di Totò!

8. Nel tuo paese si vive (peggio/peggiore)................che nel suo!

D LETTURA E COMPRENSIONE

D11) Le "Dolcezze" di Napoli: La Pasticceria del Golfo

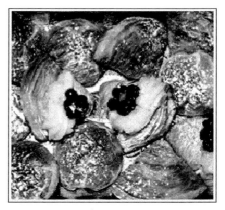

La pasticceria che conclude dovunque un buon pasto in Campania e a Napoli è un'*appendice*[34] importante della gastronomia regionale ed il risultato di secoli e di paziente ed oscuro lavoro che *si è affinato*[35] nei conventi e da qui si è trasferito ai maestri pasticcieri napoletani.

La varietà di dolci napoletani infatti ha una *tappa evolutiva*[36] importante nei conventi a partire dal Medio Evo, quando le grandi e potenti famiglie dell'epoca si rivolgevano a monaci e monache per la preparazione di feste religiose e banchetti importanti. Ai religiosi di clausura veniva chiesto, infatti, di cucinare piatti prelibati e gustosi ed anche di sperimentare nuove ricette.

Questo è stato il caso della "Sfogliatella," regina di tutti i dolci napoletani che è nata nel monastero di Santa Rosa sulla costiera amalfitana, fra Furore e Conca dei Marini.

Un giorno nel lontano 1600 la suora *addetta*[37] alla cucina si è accorta che era avanzata un po' di semola cotta nel latte. La cuoca ci ha messo dentro un po' di frutta secca, di zucchero e di liquore al limone; ha poi preparato due sfoglie di pasta aggiungendovi *strutto*[38] e vino bianco, e ci ha sistemato in mezzo il *ripieno*.[39] Una volta data alla sfoglia superiore la forma di un cappuccio di monaco, la monaca ha messo il nuovo dolce nel forno. Era nata così la "Santarosa," nome della Santa a cui era dedicato il convento.

Nel corso dei secoli la "Santarosa" ha subìto delle modifiche ed oggi si presenta con un ripieno diverso fatto di ricotta, semolino, candidi e cedro e con il nome di "sfogliatella" "riccia" o "frolla."

Accanto alla "sfogliatella" occorre menzionare anche la "pastiera," il "babà," gli "struffoli," le "zeppole," i "mostaccioli," e la "pasta reale," importanti dolci napoletani e regionali noti in tutto il territorio nazionale ed internazionale.

Rispondi alle seguenti domande:

1. Quali sono i tipici dolci napoletani?

2. Dove hanno avuto origine?

3. Qual è il nome originario della sfogliatella?

4. Che cosa c'è al suo interno?

5. Fai una ricerca sui dolci napoletani e trascrivine la ricetta. Buon Appetito!

---

[34] *appendice* - parte
[35] *si è affinato* - si è perfezionato
[36] *tappa evolutiva* - fase di sviluppo
[37] *addetta* - responsabile
[38] *strutto* - grasso usato per la cucina
[39] *ripieno* - insieme di ingredienti

PRIMA SEQUENZA

A **1)** 1-c; 2-a; 3-d; 4-e; 5-b

B **3)** **Il Ciclo Scolastico**: la scuola dell'infanzia, la scuola primaria, la scuola secondaria, il liceo, l'istituto professionale, l'istruzione e la formazione superiore (università)
Il Tipo di Esame: la prova scritta, il colloquio orale, l'esame in lingua straniera
Le Parti di un Esame: l'analisi del testo, il tema di argomento storico, il riassunto, il problema di matematica, il saggio di attualità, la redazione di un articolo
La Commissione di Esame: il commissario interno, il membro esterno, il presidente
Il Sistema di Voto: il voto, il punteggio, il credito, il punto
Le persone della Scuola: l'allievo, l'insegnante, la preside, la bidella, il supplente, l'alunno, il docente

B **4)** SUGGESTED ANSWERS. [5]- [7]- [4]- [3]- [2]- [1]- [6]- [9]- [8]

C **5)** 1- vogliono; 2- si trasferisce; 3- finisce; 4- smette; 5- scelgono, svolgono; 6- vende; 7- rimprovera; 8- riesce; 9- appare; 10- cuoce

C **6)** 1- è; 2- sono; 3- è; 4- mi sento; 5- dice; 6- è; 7- dobbiamo; 8- penso; 9- viviamo; 10- dorme; 11- diamo; 12- ridiamo; 13- amo

C **7)** [4]- [6]- [5]- [7]- [3]- [2]- [8]- [1]

D **8)** SUGGESTED ANSWERS. 1- L'obbligo finisce con il conseguimento di un qualifica triennale, in genere ai 18 anni. 2- Si chiamano scuola elementare e scuola media. 3- Gli istituti consentono lo studio e la formazione professionale specifica. 4- In genere è 5 anni.

SECONDA SEQUENZA

A **1a)** 15, 5, 2, 6, 17, 3, 7, 13, 9, 4, 10, 1, 11, 16, 12, 14, 8, 18

A **1b)** 3, 14, 8, 6, 4, 11, 5, 9, 1, 13, 10, 16, 2, 12, 15, 7

A **2)** 1-f; 2-h; 3-a; 4-g; 5-b; 6-c; 7-e; 8-d

B **3)** 1-e; 2-i; 3-a; 4-n; 5-b; 6-m; 7-c; 8-g; 9-d; 10-f; 11-l; 12-h

B **4)** 1- fruttivendolo; 2- avvocato; 3- dottore; 4- pollivendolo; 5- giornalista; 6- regista; 7- vetraio; 8- postino

C **6a)** 1-f; 2-i; 3-a; 4-m; 5-b; 6-c; 7-n; 8-d; 9-e; 10-g; 11-h; 12-l

C **6b)** 1- fare a meno; 2- faccio domanda; 3- fa il tifo; 4- fa un pisolino; 5- si fa vivo; 6- fa fuori; 7- fanno finta; 8- fa castelli in aria

C **7)** 1- Io faccio pagare la multa per eccesso di velocità da mio padre. 2- Il bidello fa suonare la campanella dal maestro. 3- La signora si fa truccare dall'estetista. 4- Tommasina e Andrea si fanno svegliare alle 6.00 dalla madre. 5- I miei amici fanno preparare il pranzo dalla cuoca. 6- Tu fai portare la spesa a casa dal commesso del negozio. 7- Raffaele fa riparare il motorino dal meccanico. 8- Voi fate fare la torta dal pasticciere.

D **9)** 1- Napoli; 2- Per la ricchezza del suo patrimonio artistico, archeologico e per le tante e straordinarie bellezze naturali e paesaggistiche; 3- i vini, la mozzarella di bufala, la ricotta, l'olio pregiato, i dolci tipici come la sfogliatella e il babà, i torroni, o i liquori come il limoncello; 4- perché è fragrante, allettante, saporito e dalle tante varietà

TERZA SEQUENZA

A **1)** 2 - [a]-desolato, [b]-lo schiaffo; 3 - [c]-4 figli, [d]-invalido, [e]-settimana scorsa, [f]-minorile, [g]-la stessa strada, [h]-l'ultima speranza, [i]-cesto, [l]-uova; 4 - [m]-buona; 6 - [n]-a presto

A **2)** 1- la mia decisione; 2- difficile; 3- culturali; 4- alunni; 5- scolastico; 6- le mie lezioni; 7- allegria

B **3)** SUGGESTED ANSWERS. **I Giovani:** andare in discoteca, la dieta, fare sport, le motociclette, i viaggi in sacco a pelo, i videogiochi, i vestiti, il successo nel lavoro, i soldi, il potere, navigare su Internet, ascoltare musica leggera, andare al bar

I meno Giovani: andare in balera, la crociera, il bingo, i viaggi organizzati, le letture di attualità, i libri di storia, giocare a bridge, ascoltare opera, andare al bar, andare ad un concerto sinfonico, visitare una mostra d'arte, i giochi da tavolo, le letture di stampa periodica, la pensione, la sanità

B 4) Maturo- Giudizioso- Immaturo; Conformista- Tradizionalista- Anticonformista; Ribelle- Indisciplinato- Ubbidiente; Precoce- Prematuro- Tardivo; Ambizioso- Presuntuoso- Modesto; Delinquente- Criminale- Innocente; Interessato – Appassionato– Disinteressato; Collerico- Intrattabile- Calmo- Sereno; Sboccato- Scurrile- Pudico; Diffidente- Sospettoso- Fiducioso

B 5) SUGGESTED ANSWERS. **Gli Sport:** l'alpinismo, fare l'equitazione, l'automobilismo, il ciclismo, il pattinaggio, la corsa, il tennis, la scherma, il motociclismo, fare la vela, il pugilato, lo sci nautico
In Città: visitare una mostra, fare le spese, andare dal medico specialista, fare una passeggiata, andare al pub, andare a trovare gli amici al Circolo, andare in bicicletta, ballare in discoteca, chiacchierare, andare al Municipio, giocare a pallavolo, ricamare, rilassarsi
Nel Parco: ascoltare la musica, giocare a calcio, fare un picnic, giocare a freccette, giocare a tennis, fare una passeggiata, correre, pattinare, fare una gita, andare in bicicletta, chiacchierare, osservare flora e fauna, giocare a pallavolo, ricamare, rilassarsi
Al Mare: fare windsurf, sdraiarsi sulla spiaggia, fare castelli di sabbia, nuotare, fare una passeggiata, prendere il sole, andare sottacqua, fare la vela, rilassarsi

C 6) [1]- è nato; [2]- voleva; [3]- era; [4]- desiderava; [5]- è scappato; [6]- è andato; [7]- gli permetteva; [8]- si è laureato; [9]- ha lasciato; [10]- ha sposato; [11]- hanno divorziato.

C 8) 1- Lui andava in classe alle 8.30. - Lui è andato in classe alle 7.45. 2- Lui giocava in giardino dopo le lezioni. - Lui ha corretto i compiti dopo le lezioni. 3- Lui abitava con i genitori. - Lui ha preso una camera ammobiliata. 4- Lui non mangiava la carne. - Lui ha mangiato solo verdure. 5- Lui prendeva lezioni di piano. - Lui non ha suonato il pianoforte. 6- Lui guardava la TV fino a tardi. - Lui si è addormentato presto davanti la TV.

D 9) 1- Il centro storico è uno dei più vasti del mondo e per le sue ricchezze storiche, architettoniche, monumentali e artistiche, nel 1995 è stato scritto dall'UNESCO nella Lista del Patrimonio Mondiale dell'Umanità. 2- La Villa Comunale, il Parco Virgiliano, il Parco di Capodimonte ed il Parco della Floridiana. 3- A Napoli si possono visitare i castelli, i Palazzi Storici, le due Regge, importanti edifici religiosi, un Eremo e una Certosa, oltre 20 Musei e Pinacoteche e le Fontane monumentali.

QUARTA SEQUENZA

A 1) 1-h; 2-d; 3-a; 4-f; 5-b; 6-c; 7-i; 8-e; 9-g

A 2) [1]- la puntura; [2]- paura; [3]- sciocco; [4]- la febbre; [5]- il raffreddore; [6]- le malattie; [7]- la fame; [8]- le merende; [9]- un vaccino

B 3) 1-h; 2-d; 3-l; 4-a; 5-f; 6-b; 7-c; 8-e; 9-g; 10-i

B 4) **Le Medicine:** il sedativo, l'aspirina, l'antistaminico, l'antidepressivo, il sonnifero, la pillola, lo sciroppo, la pasticca, la puntura, la supposta
Le Malattie ed i Disturbi: la raucedine, l'asma, l'ipertensione, gli orecchioni, la febbre, la tonsillite, l'epatite, lo stress, la bronchite, il morbillo, la gastrite, il mal di gola, il raffreddore
Le Persone nel Campo medico: lo specialista, il cardiologo, il geriatra, l'otorino, il chirurgo, il medico, l'ortopedico, il reumatologo, l'oculista, l'anestesista, l'infermiera
Le Parti del Corpo: lo stomaco, il cervello, la gola, i reni, il fegato, il cuore, i polmoni

B 5) 1- geriatra; 2- gola; 3- chirurgo, medico; 4- antistaminico; 5- raffreddore; 6- sonnifero; 7- sciroppo, raucedine; 8- ortopedico

C 6) [1]- avrò; [2]- andrò; [3]- mi porterò; [4]- terrò; [5]- verranno; [6]- vedranno; [7]- inviterò; [8]- cucineremo; [9]- porterà; [10]- canteremo; [11]- mi divertirò; [12]- sarò

C 7) 1- Il maestro si sveglierà presto ed uscirà per andare in classe. 2- I giovani napoletani ci metteranno delle ore per terminare il tema. 3- Andrea si laureerà fra qualche mese. 4- Raffaele si sentirà un po' solo senza la sua mamma. 5- Per la ricetta occorreranno un chilo di farina e un etto di burro. 6- Io tradurrò un libro nuovo e completerò l'articolo per il giornale. 7- Voi verrete in vacanza a Napoli. 8- Il direttore cercherà una nuova assistente ed assumerà due nuovi collaboratori.

C 8) 1- avranno finito; 2- sarà partito; 3- avremo assunto; 4- avrà conosciuto; 5- avrò detto; 6- avrà fatto; 7- avrà pulito; 8- avrà lasciato

D̲ 9) SUGGESTED ANSWERS. 1- Il Servizio Sanitario offre tutti i servizi sanitari, in genere gratuitamente, al cittadino. 2- Il cittadino deve iscriversi al Servizio. 3- Gli ospedali offrono ogni tipo di cura ed assistenza al cittadino. 4- Il Servizio si propone di formare un'adeguata educazione sanitaria; prevenire le malattie e gli infortuni; controllare gli alimenti e la loro provenienza.

QUINTA SEQUENZA

A̲ 1) [1]-[9]-[3]-[10]-[4]-[7]-[5]-[2]-[6]-[8]

A̲ 2) [1]- il parco; [2]- innumerevoli; [3]- fontane; [4]- mitologia; [5]- castello; [6]- mostre; [7]- il re; [8]- grande cascata; [9]- Inglese; [10]- botanico; [11]- sentieri; [12]- piante grasse

B̲ 3a) Tipo di viaggio: gita, crociera, soggiorno lungo/corto, viaggio all'estero, passeggiata, escursione, fine settimana, pellegrinaggio, traversata
Luoghi di pernottamento: agriturismo, albergo, pensione, villaggio turistico, villa, residence, hotel, locanda, appartamento, bungalow, campeggio
Servizi di un Albergo: camera singola/matrimoniale, ascensore alla spiaggia, aria condizionata, bagno o doccia in camera, vista panoramica, frigobar, palestra, attrezzatura congressuale, spiaggia privata, camera tripla, piscina coperta/scoperta, servizio lavanderia, solarium, cure termali, televisore, giardino privato
Persone di un Albergo: direttore, cameriera, bagnino, portiere di notte, impiegato alla sicurezza, parcheggiatore, cuoco, barista

B̲ 3b) 1- pellegrinaggio; 2- crociera; 3- vista; 4- gita; 5- traversata; 6- ascensore

B̲ 4) 1- il tostapane; 2- costume da bagno; 3- l'impermeabile; 4- "Vietato Nuotare"

B̲ 5) 1-f; 2-a; 3-i; 4-b; 5-l; 6-c; 7-d; 8-g; 9-e; 10-h

C̲ 6) [1]- lavorerei; [2]- lascerei; [3]- mi trasferirei; [4]- comprerei; [5]- verrebbero; [6]- avrebbero; [7]- inviterei; [8]- nuoterei; [9]- pescherei; [10]- organizzerei; [11]- darei; [12]- sarei

C̲ 7) 1- avrei lavorato; 2- avrei lasciato; 3- mi sarei trasferito; 4- avrei comprato; 5- sarebbero venuti; 6- avrebbero avuto; 7- avrei invitato; 8- avrei nuotato; 9- avrei pescato; 10- avrei organizzato; 11- avrei dato; 12- sarei stato

C̲ 8) 1- mi potrebbe; 2- mi passeresti; 3- resterei; 4- si trasferirebbe; 5- leggerebbe; 6- farebbe; 7- berrebbero; 8- verrebbe; 9- andrei; 10- tradurresti

D̲ 10) 1- La Reggia fu fatta costruire a metà del 1700 dal re di Napoli con l'intento di spostare la residenza reale da Napoli a Caserta. 2- Due: l'Appartamento Nuovo e l'Appartamento Vecchio. 3- la Biblioteca contiene una Sala Lettura e tre sale contenenti migliaia di libri. 4- In uno dei 4 Cortili

SESTA SEQUENZA

A̲ 1) [2]-[7]-[4]-[9]-[10]-[3]-[5]-[6]-[8]-[11]-[1]

A̲ 2) [1]- lettera; [2]- sede; [3]- classe; [4]- il latino; [5]- suo collega; [6]- il compito; [7]- la settimana; [8]- la firma

A̲ 3) 1-d; 2-e; 3-c; 4-b; 5-a

B̲ 4) Televisione: statale, canale, pubblica, rete, privata, via cavo, canone televisivo, via satellite
Programma televisivo: telenovela, varietà, miniserie, sceneggiato, documentario, fiction, programma sportivo, telegiornale
Persone della televisione: il conduttore, il presentatore, il produttore, il pubblico, il regista, il divo, lo spettatore
Stampa: trimestrale, quotidiano, giornale, periodico, rivista, settimanale, mensile, semestrale
Persone della stampa: il telespettatore, il cronista, il giornalista, l'inviato, il redattore, il fotoreporter

B̲ 5) 1- la telenovela; 2- programma sportivo; 3- quotidiano, mensile; 4- il cronista; 5- giornale, fotoreporter; 6- divo

B̲ 6) 1- amichevole; 2- Rai Quattro; 3- quotidiano; 4- il conduttore; 5- via cavo

B **7) Telefilm e Sceneggiati**: È proibito ballare, Sottocasa, Le Sorelle McLeod
Varietà: Festa italiana, La vita in diretta; Appuntamento al cinema
Film: Arma Letale 3
Telegiornale e Sport: Tg1, Tg1 Economia, Telegiornale, Calcio: Italia-Ucraina
Attualità: Festa della Repubblica, L'eredità, Porta a Porta
Musica: Concerto per la Festa della Repubblica

C **8)** 1- posso/e; 2- devi/h; 3- vogliamo/a; 4- potete/b; 5- devi/c; 6- vuole/g; 7- può/d; 8- devono/f

C **9)** 1- posso/ho potuto; 2- devono/hanno dovuto; 3- vuole/ha voluto; 4- devono/hanno dovuto; 5- può/ha potuto; 6- deve/ha dovuto; 7- voglio/ho voluto; 8- possiamo/abbiamo potuto

C **10)** [1]- potrò; [2]- sanno; [3]- devo; [4]- voglio; [5]- possono/potranno; [6]- so; [7]- posso; [8]- devono/dovranno

D **11)** 1- La Rai è la Radiotelevisione Italiana e si occupa della trasmissione di programmi televisivi ma anche di radio, cultura, editoria e pubblicità. 2- Rai Uno, Rai Due, Rai Tre, Canale 5, Retequattro, Italia Uno ed altri canali; 3- Il settore del cinema, dello sport, della cultura e degli sceneggiati televisivi; 4- I varietà, i giochi a premio e i talk show

---

SETTIMA SEQUENZA

A **1)** [4]-[6]-[2]-[5]-[8]-[3]-[9]-[1]-[11]-[7]-[10]

A **2)** [1]- la parabola; [2]- un secolo; [3]- le capre; [4]- a sinistra; [5]- porte; [6]- strettissima; [7]- le anime; [8]- I buoni; [9]- Purgatorio; [10]- un po'

B **3a)** 1-h; 2-e; 3-a; 4-g; 5-b; 6-c; 7-d; 8-f

B **3b)** 1- obeso; 2- calorie; 3- vitamina; 4- magrezza; 5- anoressia

B **4) Carboidrati:** pasta, patate, zucchero, legumi, pane, cereali
Proteine: uova, legumi, carne, pesce, latte ed i suoi derivati
Grassi vegetali ed animali: panna, burro, lardo, olio d'oliva, margarina, olio di semi, strutto
Sali minerali: potassio, sodio, ferro, cloro, fosforo, calcio, magnesio

B **5)** 1- numerare; 2- la polenta; 3- allegra; 4- l'aceto; 5- rossella; 6- burro

B **6) Colazione:** caffè (1 cucchiaino di zucchero), 6 biscotti secchi, latte fresco parzialmente scremato (200 gr.)
Spuntino: una banana
Pranzo: Prosciutto crudo (50 gr.), insalata mista, 1 panino, una mela
Spuntino: 2 palline di gelato alla frutta
Cena: riso (80 gr.) con sugo di verdure, insalata di polpo (150 gr.), fagiolini (120 gr.), patate (150 gr.), olive nere (20 gr.), mezzo panino, capperi ed aromi, 2 prugne

C **7)** SUGGESTED ANSWERS. 1- più/di; 2- più/che; 3- meno/che; 4- più/delle; 5- più/di; 6- più/che; 7- tanto/quanto il; 8- meno/della; 9- meno/di; 10- più/che

C **8)** SUGGESTED ANSWERS. 1- più/di; 2- meno/degli; 3- tanto/quanto; 4- più/del; 5- peggiore/di; 6- minore/della; 7- più grandi/che; 8- meno/delle

C **9)** 1- Gli alunni della Terza B sono i più maleducati della scuola. 2- Vincenzino è il bambino meno esuberante. 3- Il traffico è il maggior problema delle città industriali. 4- I vini italiani sono i più buoni. 5- I musei capitolini sono i più rilevanti d'Italia. 6- La scuola di Corzano è la peggiore del paese. 7- Quella decisione è la più giusta che lui possa prendere. 8- Il film *Ciao, Professore!* è il più divertente dei film comici moderni. 9- L'automobile Ferrari è la più veloce/ La Ferrari è l'automobile più veloce. 10- Queste storie sono le peggiori del libro.

C **10)** 1- migliore; 2- peggio; 3- la migliore; 4- le peggiori; 5- la maggior/meglio; 6- i migliori; 7- peggiore; 8- peggio

D **11)** 1- I dolci tipici sono la "sfogliatella," la "pastiera," il "babà," gli "struffoli," le "zeppole," i "mostaccioli," e la "pasta reale." 2- nei conventi; 3- la Santarosa; 4- semola, ricotta, candidi e cedro

APPUNTI

TITLES AVAILABLE FROM EDIZIONI FARINELLI

AP ITALIAN SERIES

Level 4 Ace the AP Italian Language & Culture Exam
ISBN 978-0-9786016-6-9

Level 3 AP Advanced Placement Italian Track
ISBN 978-0-9786016-7-6

Level 2 AP Advanced Placement Italian Track
ISBN 978-0-9786016-5-2

Level 1 AP Advanced Placement Italian Track
ISBN 978-0-9786016-1-4

This workbook series, with accompanying CDs, is designed to prepare students for the Advanced Placement® (AP) Italian Language and Culture Exam administered annually by The College Board. The books can be used in class or as self-study tools. All five components of the exam are incorporated in the comprehensive practice exercises: listening, reading, writing, culture and speaking.

IDIOMS AND EXPRESSIONS

Uffa!

Students can quickly build familiarity and develop a feel for how to use Italian idiomatic expressions by reading dialogues that explore issues foremost among young people – relationships with parents, friendship, school exams, choosing a career and more. The text also contains comprehension and grammar exercises as well as notes to clarify how certain verbs are used in idiomatic forms. An excellent AP® Italian preparation tool.

Separate answer key also available.

ISBN 978-0-9786016-3-8

LISTENING AND COMPREHENSION

EDIZIONI FARINELLI

FILM STUDY PROGRAM

Io non ho paura
ISBN 978-0-9795031-0-8
L'Ultimo Bacio
ISBN 978-0-9723562-3-7
Ciao, Professore!
ISBN 978-0-9786016-0-7

La Meglio Gioventù
ISBN 978-0-9786016-2-1
Pane e tulipani
ISBN 978-0-9795031-2-2
Cinema Paradiso
ISBN 978-0-9786016-8-3

These film study texts divide each film into 20-minute sequences for use in class or for self study to improve understanding of spoken Italian. They include comprehension exercises, grammar activities, vocabulary builders and cultural readings. They also are helpful for students preparing to take standardized tests in Italian, such as the Advanced Placement® exam.

EDIZIONI FARINELLI

MUSIC STUDY PROGRAM

E RITORNO DA TE   ISBN 978-0-9795031-1-5
(The Best of Laura Pausini)

This *Music Study Program* helps intermediate and advanced studentsof Italian deepen their knowledge of the language through focused listening to contemporary Italian music.

CULTURE

Non soltanto un baule

This advanced-level Italian reader captures the struggles that millions of Italians experienced in their search for a better life outside of Italy. Each immigrant's story, told through the voices of descendants or friends, richly expresses the emotion, pride and heartbreak of their emigration to the United States, Australia, Argentina or Canada. This reader helps prepare students for the Advanced Placement® (AP) Italian Language and Culture Exam.

ISBN 978-0-9723562-5-1

TITLES AVAILABLE FROM EDIZIONI FARINELLI

READERS AND EXERCISES

Jean e Roscoe vanno a Perugia

An intermediate-level Italian reader recounting the month-long adventures of two students studying the language in Perugia, Italy while learning to cope with the Italian way of life. Includes exercises for comprehension, grammar, conversation, writing and vocabulary.

Separate answer key also available.

ISBN 978-0-9723562-1-3

Diario della studentessa Jean
(2nd Edition)

An advanced beginner-level Italian reader containing 23 easily readable, brief stories ranging from memories of childhood and events of daily life to dialogues about Italian class.

ISBN 978-0-9723562-7-5

Eserciziario per Diario della studentessa Jean

A comprehensive workbook for in-class use or self study to accompany the stories in *Diario della studentessa Jean* along with practice exercises on grammar points, such as prepositions, pronouns and irregular verbs.

Separate answer key also available.

ISBN 978-0-9723562-8-2

For more information or to order, contact:

EDIZIONI FARINELLI
20 Sutton Place South
New York, NY 10022
+ 1-212-751-2427
edizioni@mindspring.com
www.edizionifarinelli.com